Diogenes Taschenbuch 20387

W0049702

Charles Baudelaire

Die Tänzerin Fanfarlo

und

Der Spleen von Paris

Prosadichtungen
Aus dem Französischen
von Walther Küchler

Diogenes

Veröffentlicht als Diogenes Taschenbuch, 1977
Alle Rechte an dieser Ausgabe vorbehalten
Diogenes Verlag AG Zürich
60/90/8/3
ISBN 3 257 20387 X

Inhalt

La Fanfarlo

Die Tänzerin Fanfarlo

1847

Samuel Cramer, der einstmals einige romantische Narreteien mit dem Namen Manuela de Monteverde zeichnete – in der guten Zeit der Romantik – ist das widerspruchsvolle Erzeugnis eines bleichen Deutschen und einer braunen Chilenin. Fügen Sie dieser doppelten Abstammung eine französische Erziehung und eine gepflegte literarische Bildung hinzu, und Sie werden über die verwirrende Vielseitigkeit seiner Wesensart weniger erstaunt, wenn nicht von ihr befriedigt und erbaut sein. – Samuel hat eine reine und edle Stirn, Augen, glänzend wie Kaffeetropfen, eine neckische und spöttische Nase, unverschämte und sinnliche Lippen, ein viereckiges und herrisches Kinn, einen herausfordernden raphaelischen Haarwuchs. – Er setzt sich zusammen aus einem großen Faulpelz, einem verdrießlichen Streber und einem erlauchten Unglückswurm; denn er hat in seinem Leben kaum mehr als halbe Gedanken gehabt. Die Sonne der Faulheit, die beständig in ihm glänzt, bewirkt, daß diese Hälfte von Geisteskraft, die der Himmel ihm geschenkt hat, sich in Dunst verflüchtigt und verzehrt wird. Von all den halbgroßen Männern, die ich in diesem schrecklichen Pariser Leben gekannt habe, war Samuel, mehr als jeder andere, der Mann der verpfuschten schönen Werke; – eine kränkliche und phantastische Erscheinung, deren Poesie viel mehr in seiner Person als in seinen Werken glänzt. Gegen ein Uhr nachts, zwischen dem hellflackernden Schein eines Kaminfeuers und dem Tiktak einer Uhr ist er mir immer wie der Gott des Unvermögens vorgekommen, – ein moderner, hermaphroditischer Gott – eines so riesigen und ungeheuren Unvermögens, daß es geradezu epische Ausmaße annimmt.

Wie soll ich Sie mit dem Tatbestand vertraut machen und Ihnen einen klaren Einblick verschaffen in diese von hellen Blitzen grell beleuchtete dunkle Natur – faul und unternehmungslustig zugleich, – fruchtbar an schwierigen Plänen und lächerlichen Fehlgeburten; – ein Geist, bei dem die verblüffende Wunderlichkeit oft die Maße kindlicher Einfalt annahm und dessen Einbildungskraft ebenso unermeßlich war, wie die völlige Einsamkeit und die unbedingte Faulheit? – Eine der natürlichsten Verschrobenheiten Samuels bestand darin, sich denen gleich zu achten, die er zu bewundern gelernt hatte. Nach der leidenschaftlichen Lektüre eines schönen Buches schloß er mit der unwillkürlichen Versicherung: Das ist so schön, daß es von mir sein könnte! – Und von da bis zu dem Gedanken: Also ist es von mir, – liegt nur der Zwischenraum eines Gedankenstriches.

In der Welt von heute ist eine solche Wesensart häufiger als man denkt; die Straßen, die öffentlichen Spazierwege, die Kneipen, überhaupt alle Bummelstätten wimmeln von derartigen Menschen. Sie verschmelzen mit ihrem neuen Vorbild zu solcher Einheit, daß sie nicht weit davon entfernt sind, zu glauben, sie hätten es erfunden. – Heute entziffern sie mühsam die mystischen Seiten Plotins oder des Porphyrius, morgen bewundern sie, wie Crébillon der Jüngere die flatterhafte französische Seite ihres Wesens gezeichnet hat. Gestern unterhielten sie sich höchst vertraulich mit Jérome Cardan, jetzt, sieh da, vergnügen sie sich mit Sterne oder schwelgen sie mit Rabelais in allen Schlemmereien der Übertreibung. Sie fühlen sich übrigens in jeder ihrer Verwandlungen so glücklich, daß sie um keinen Preis der Welt daran denken, allen diesen hochbegabten Schöngeistern zu grollen, weil sie ihnen in der Achtung der Nachwelt vorausgegangen sind. – Kindliche und achtungswürdige Unverschämtheiten! Das also war der arme Samuel.

Durchaus anständig von Geburt, aber etwas lumpenhaft zum Zeitvertreib, – Komödiant aus Veranlagung – spielte er sich zu eigenem Vergnügen und hinter verschlossenen Türen unvergleichliche Tragödien oder, besser gesagt, Tragikomödien vor. Fühlte er sich von Heiterkeit gestreift und gekitzelt, so mußte er sich das ganz deutlich machen, und er brachte es durch Übung dahin, in helles Gelächter auszubrechen. Quoll ihm bei irgend einer Erinnerung eine Träne im Augenwinkel, suchte er seinen Spiegel auf und betrachtete sich, wie er weinte. Wenn irgend ein Weibsbild ihm, in einem Anfall von brutaler und kindischer Eifersucht, mit einer Nadel oder mit einem Taschenmesser eine Schramme beibrachte, prahlte Samuel vor sich selbst, daß es ein Messerstich gewesen wäre, und wenn er jemandem einige elende zwanzigtausend Francs schuldete, rief er fröhlich aus:

– Wie traurig und bejammernswert ist doch das Los eines Genies, das von einer Millionenschuld gequält wird!

Im übrigen glauben Sie nur ja nicht, daß er unfähig wäre, wahrhaftige Gefühle zu empfinden und daß die Leidenschaft ihn nur an der Oberfläche ritzte. Er hätte sein letztes Hemd verkauft für einen Menschen, den er kaum kannte, und den er erst gestern, bloß auf die Linien seiner Stirn und Hand hin, zu seinem vertrautesten Freunde gemacht hatte. Für die geistigen und seelischen Belange brachte er die müßige Beschaulichkeit der germanischen Naturen, wo die Leidenschaft in Frage kam, die rasche und flüchtige Glut seiner Mutter – und für seine Lebensführung alle Verschrobenheiten der französischen Eitelkeit mit. Er hätte sich im Zweikampf für einen Schriftsteller oder für einen vor zwei Jahrhunderten gestorbenen Künstler geschlagen. Wie er mit Begeisterung fromm gewesen war, so war er mit Leidenschaft Atheist. Er bestand zu gleicher Zeit aus allen Künstlern, die er studiert und aus allen

Büchern, die er gelesen hatte, und blieb dennoch, trotz dieser komödiantenhaften Fähigkeit, von Grund auf er selbst. Er war immer der sanfte, wunderliche, träge, schreckliche, gelehrte, unwissende, höchst lockere, gefallsüchtige Samuel Cramer, die romantische Manuela de Monteverde. Er schwärmte für einen Freund, wie für eine Frau, liebte eine Frau wie einen Kameraden. Er besaß die Logik aller edlen Gefühle und die Wissenschaft aller Verschlagenheiten, und nichtsdestoweniger ist ihm niemals etwas gelungen, weil er zu sehr an das Unmögliche glaubte. – Wundert Sie das? Er war stets dabei, es sich auszudenken.

Eines Abends kam ihm der Einfall auszugehen. Das Wetter war schön, die Luft voll von Düften. – Bei seiner ihm angeborenen Vorliebe für alles Übertriebene war er gewohnt, sich von der Welt abzusperren und seinen Geist auf ebenso heftige wie dauernde Weise feiern zu lassen, und so war er seiner Wohnung längere Zeit treu geblieben. Die mütterliche Faulheit, die kreolische Trägheit, die in seinen Adern floß, verhinderte ihn, unter der Unordnung seines Zimmers, seiner Wäsche und seines schmutzigen und heillos verwirrten Haares zu leiden. Er wusch sich, kämmte sich und verstand es, in wenigen Minuten die Kleidung und das sichere Auftreten der Leute wiederzufinden, bei denen die tadellose Aufmachung eine alltägliche Sache ist. Dann öffnete er das Fenster. – Ein warmes, goldenes Licht flutete ins verstaubte Zimmer. Samuel sah mit Erstaunen, wie schnell in wenigen Tagen der Frühling gekommen war, ohne sich vorher anzukündigen. Eine laue, mit schönen Düften getränkte Luft drang ihm in die Nase, – ein Teil von ihr stieg ihm ins Gehirn und erfüllte es mit träumerischen Sehnsüchten, während der andere ihm leichtfertig an Herz, Magen und Leber rüttelte. Entschlossen blies er seine beiden Kerzen aus, von denen die eine noch über einem Band Swedenborg flackerte und die andere über einem jener schändlichen Bücher erlosch, deren Lektüre nur einem von unmäßiger Liebe zur Wahrheit besessenen Geist von Nutzen ist.

Von der Höhe seiner mit allerlei Papierkram vollgestopften, mit Büchern gepflasterten und von seinen Träumen bevölkerten Einsamkeit aus bemerkte Samuel oft eine in einer Allee des Luxemburg-Gartens spazierengehende Dame, deren Gestalt und Antlitz er in der Provinz geliebt hatte, – in einem Alter, in dem man noch aus Liebe liebt. – Ihre Züge, obwohl durch einige Jahre der Erfahrung reifer und voller geworden, zeigten die ganze züchtige Anmut der anständigen Frau; tief in ihren Augen glänzte dann und wann noch die feuchte Träumerei des jungen Mädchens. Sie war auf ihren Spaziergängen gewöhnlich von einem ziemlich geschmackvoll gekleideten Dienstmädchen begleitet, dessen Gesicht und Gebaren eher eine Vertraute, oder eine Gesellschaftsdame als eine Dienerin verrieten. Sie schien die verlassenen Plätze vorzuziehen und setzte sich in der traurigen Haltung einer Witwe nieder, manchmal mit einem Buch, das sie nicht las, in lässig-zerstreuten Händen.

Samuel hatte sie in der Umgebung von Lyon gekannt, jung, beweglich, mutwillig und magerer. Je mehr er sie anschaute und, sozusagen, wiedererkannte, hatte er, eine nach der anderen, all die kleinen Erinnerungen wiedergefunden, die sich in seinen Vorstellungen mit ihr verknüpften; hatte er sich in all seinen Einzelheiten den ganzen Jugendroman erzählt, der sich, seit jener Zeit, in den Zerstreuungen seines Lebens und dem Irrgarten seiner Leidenschaften verloren hatte.

An diesem Abend nun grüßte er sie, indem er sie aufmerksamer und länger ansah als sonst. Als er sie überholt hatte, hörte er hinter sich dieses Bruchstück eines Gespräches:

– Wie finden Sie diesen jungen Mann, Mariette?

Aber das wurde in so zerstreutem Ton gesagt, daß selbst der boshafteste Beobachter der Dame nichts Übles hätte nachsagen können.

– Ich finde ihn wirklich sehr nett, gnädige Frau. – Wissen gnädige Frau, daß es Samuel Cramer ist? Und in strengerem Ton:

– Wie kommt es, daß Sie das wissen, Mariette?

So geschah es, daß am anderen Tag Samuel ihr

höchst aufmerksam ihr Taschentuch und ihr Buch
überbrachte, die er beide auf einer Bank fand, wohl
kaum von ihr dort verloren, da sie ganz in der Nähe
geblieben war und den sich um Brotkrumen zanken-
den Spatzen zuschaute, oder das Wachstum der
Pflanzenwelt zu betrachten schien. Wie es oft zwischen Menschen, deren Seelen ein gemeinsames
Schicksal auf den gleichen Ton gestimmt hat, vorkommt, hatte er, obwohl er die Unterhaltung ziemlich unvermittelt einleitete, nichtsdestoweniger das
phantastische Glück, jemanden zu finden, der geneigt
war ihn anzuhören und ihm zu antworten.

– Dürfte ich mich so glücklich schätzen, gnädige
Frau, noch ein Plätzchen in Ihrem Gedächtnis zu
besitzen? Habe ich mich so verändert, daß Sie in mir
einen Jugendkameraden nicht wiedererkennen sollten, mit dem Sie so gütig waren Versteck zu spielen
und die Schule zu schwänzen?

– Eine Frau, – erwiderte die Dame mit halbem
Lächeln, – hat nicht das Recht, die Leute gar so leicht
wiederzuerkennen; daher danke ich Ihnen, daß Sie
mir, als erster, die Gelegenheit gegeben haben, zu diesen schönen und fröhlichen Erinnerungen zurück-
zufinden. – Und außerdem – – jedes Jahr unseres
Lebens bringt so viel Ereignisse und Gedanken mit
sich . . . und es scheint mir wirklich, daß es schon sehr
viele Jahre her ist? . . .

– Jahre, gab Samuel zurück, – die für mich manchmal sehr langsam, manchmal sehr rasch verflogen sind, aber alle mehr oder minder grausam!

– Und die Poesie? . . . sagte die Dame, mit einem Lächeln in den Augen.

– Noch immer, gnädige Frau! antwortete Samuel lachend. – Aber was lasen Sie denn da?

– Einen Roman von Walter Scott.

– Jetzt kann ich mir erklären, warum Sie die Lektüre so oft unterbrochen haben. – Ach! der langweilige Schriftsteller! – Verstaubte Chroniken gräbt der aus! Ein widerwärtiger Haufen von Beschreibungen alten Gerümpels, – eine Menge von abgestandenem Plunder aller Art: – Rüstungen, Geschirr, Möbel, gotische Herbergen und Theaterschlösser, in denen ein paar aufgezogene Puppen in buntscheckigen Knieröcken und Wämsern herumspazieren; – lauter wohlbekannte Typen, von denen kein achtzehnjähriger Abschreiber in zehn Jahren noch etwas wissen will; unmögliche Schloßherrinnen und verliebte Leute, wie sie uns heute gar nichts mehr bedeuten, – keine Herzenswahrheit, keine Philosophie der Gefühle! Wie ganz anders ist es doch bei unseren guten französischen Romanschriftstellern, bei denen die Leidenschaft und das Seelische die stoffliche Beschreibung der Dinge stets überwiegt! – Was macht es aus, ob die Schloßherrin eine Halskrause oder einen Reifrock oder ein Unterkleid à la Oudinot trägt, wofern sie nur auf schickliche Weise schluchzt oder verrät? Sind Sie von einem Liebhaber viel mehr eingenommen, wenn er einen Dolch in seiner Weste trägt anstatt einer Visitenkarte und jagt Ihnen ein Despot im Frack einen weniger poetischen Schrecken ein, als ein mit Büffelleder und Eisenharnisch gepanzerter Gewaltherrscher?

Samuel gehörte, wie man sieht, zu jenen einen ganz *einwickelnden*, unausstehlichen und leidenschaftlichen Menschen, bei denen das Handwerk die Unterhaltung verdirbt und denen jede Gelegenheit gut genug ist, sogar eine im Augenblick gemachte Bekanntschaft an einer Baum- oder Straßenecke – und wäre es auch nur ein Lumpensammler, – um hartnäckig ihre Gedanken zu entfalten. – Es besteht zwischen den Handlungsreisenden, den Industrierittern, den lockenden Anpreisern von Kommanditgesellschaften und den einen *einwickelnden* Dichtern nur der Unterschied, der auch zwischen Reklame und Predigt besteht; das Laster dieser letzteren ist völlig uneigennützig.

Die Dame erwiderte ihm mit schlichten Worten: – Lieber Herr Samuel, ich bin nur Publikum; das will so viel heißen, daß meine Seele ganz unschuldig ist. Daher ist es für mich die leichteste Sache der Welt, mir Vergnügen zu verschaffen. – Doch sprechen wir von Ihnen; – ich würde mich glücklich schätzen, wenn Sie mich für würdig erachteten, einige Ihrer Dichtungen zu lesen.

– Aber, gnädige Frau, wie ist es möglich . . .? – ließ sich die dicke Eitelkeit des erstaunten Dichters vernehmen.

– Der Inhaber meiner Leihbibliothek behauptet Sie nicht zu kennen.

Und sie lächelte leise, um die Wirkung dieser flüchtigen Neckerei abzuschwächen.

– Gnädige Frau, – sagte Samuel mit salbungsvollem Ton, – die wahre Leserwelt des 19. Jahrhunderts, das sind die Frauen. Ihre Abstimmung verhilft mir zu höherem Ruhm als zwanzig Akademien. –

Also, Herr Cramer, ich zähle auf Ihr Versprechen. – Mariette, meinen Sonnenschirm und den Schal; *man* könnte zu Hause vielleicht ungeduldig werden. Sie wissen, daß der Herr früh zurückkommt.

Sie gab ihm einen anmutig abgekürzten Gruß, der nichts Bloßstellendes hatte und dessen Vertraulichkeit die Würde nicht ausschloß.

Samuel wunderte sich nicht, eine alte Jugendliebe unter dem Joch des Ehestandes wieder zu finden. In der Weltgeschichte des Gefühls gehört sich das so. – Sie hieß Frau von Cosmelly und wohnte in einer der vornehmsten Straßen des Faubourg Saint-Germain.

Am anderen Tage traf er sie, das Haupt mit anmutiger und fast einstudierter Schwermut über das Blumenbeet geneigt, und überreichte ihr seinen Band: *Die Fischadler,* eine Sammlung von Sonetten, wie wir alle sie verfaßt und gelesen haben in der

Zeit, als unsere Urteilskraft so kurz und unser Haar so lang war.

Samuel war sehr neugierig zu erfahren, ob seine *Fischadler* die Seele dieser schwermütigen Schönen entzückt und ob die Schreie dieser garstigen Vögel bei ihr zu seinen Gunsten gesprochen hätten; aber einige Tage später erklärte sie ihm in einem Ton ehrlicher Unschuld, der zum Verzweifeln war: – Ich bin nur eine Frau, Herr Cramer, und mein Urteil bedeutet daher nur wenig, aber mir scheint, daß Traurigkeit und Liebe der Herren Schriftsteller der Traurigkeit und der Liebe der anderen Menschen nicht gleichen. Sie richten Schmeicheleien, die zweifellos sehr zierlich und von ausgesuchter Feinheit sind, an Damen, die ich hoch genug schätze, um zu glauben, daß sie manchmal darüber erschrecken. Sie besingen die Schönheit von Müttern in einem Stil, der Sie des Beifalls ihrer Töchter berauben muß. Sie lassen die Welt wissen, daß Sie von oben bis unten in Frau Soundso vernarrt sind, die, nehmen wir zu ihrer Ehre an, weniger Zeit dafür verschwendet, Sie zu lesen, als um Strümpfe und Pulswärmer für die Füße oder Hände ihrer Kinder zu stricken. Befangen von einem der merkwürdigsten Widersprüche, deren geheimnisvolle Ursache mir noch unbekannt ist, behalten Sie Ihren geheimnisvollsten Weihrauch höchst seltsamen Geschöpfen vor, die noch weniger lesen als die Damen, und Sie ersterben platonisch vor

Sultaninnen niedrigsten Ranges, die, so scheint mir, beim Anblick der zarten Person eines Dichters ihre Augen so groß aufreißen wie Kühe, die aufwachen, wenn's brennt. Und außerdem, ich weiß nicht, warum Sie die düsteren Dinge und die anatomischen Beschreibungen so lieben. Wenn man jung ist, wenn man, wie Sie, ein schönes Talent und alle zum Glück berechtigenden Vorbedingungen sein eigen nennt, so wäre es, scheint mir, doch viel natürlicher, die Gesundheit und die Freuden des redlichen Menschen zu feiern, als sich in Verwünschungen zu üben und sich mit *Fischadlern* zu unterhalten.

Hören Sie, was er ihr antwortete:

– Gnädige Frau, beklagen Sie mich, oder vielmehr, beklagen Sie uns, denn ich habe viele Mitbrüder meiner Art; es ist der Haß gegen alle Menschen und gegen uns selbst, der uns zu diesen Lügen geführt hat. Nur aus Verzweiflung darüber, daß wir nicht mit den natürlichen Mitteln edel und schön sein können, haben wir uns das Gesicht so phantastisch geschminkt. Wir haben mit solcher Beflissenheit an unserem Herzen herumgeklügelt, wir haben, um die scheußlichen Auswüchse und die schändlichen Warzen, von denen es bedeckt ist und die wir noch dazu absichtlich vergrößern, genau zu erforschen, das Mikroskop so sehr mißbraucht, daß es uns unmöglich ist, die Sprache der anderen Menschen zu sprechen. Sie leben, um zu leben, und wir, ach, leben, um zu wissen. Das ist das ganze Geheimnis. Das Alter ändert nur die Stimme und läßt nur die Haare und Zähne verfallen; wir haben den Ton der Natur verzerrt, wir haben, eins nach dem andern, die jungfräulichen Schamgefühle im stacheligen Innern unserer Anständigkeit ausgerissen. Wir haben Seelenkunde getrieben wie die Narren, die ihre Narrheit vermehren, weil sie sich abmühen sie zu begreifen. Die Jahre schwächen nur die Glieder, und wir haben die Leidenschaften entstellt. Verwünscht, dreimal verwünscht unsere geschwächten Väter, die schuld sind, daß wir ungeratene Krüppel wurden, vorherbestimmt, wie wir sind, nur totgeborene Kinder in die Welt zu setzen.

– Immer wieder *Fischadler!* sagte sie; lassen wir das, reichen Sie mir Ihren Arm und lassen Sie uns diese armen Blumen bewundern, die der Frühling so glücklich macht!

Anstatt die Blumen zu bewundern, begann Samuel Cramer, dem die schön aufgebauten und gegliederten Sätze weiter zuströmten, einige schlechte Stanzen in der Weise seiner ersten Schreibart in Prosa zu bringen und vorzutragen. Die Dame ließ ihn gewähren.

– Was für ein Unterschied, und wie wenig bleibt von demselben Menschen übrig, außer der Erinnerung! Aber die Erinnerung ist nur ein Leid mehr. Was war das doch für eine schöne Zeit, wo der Mor-

gen uns niemals aufweckte mit Knien, die von ermüdeten Träumen erstarrt oder gerädert waren, wo
unsere hellen Augen der ganzen Natur zulachten, wo
unsere Seele nicht vernünftelte, wo sie aber lebte und
genoß, wo unsere Seufzer uns sanft, ohne Geräusch
und ohne Stolz, entflossen! Wie oft, wenn ich meiner
Einbildungskraft etwas Ruhe gönnte, habe ich einen
dieser schönen herbstlichen Abende wiedergesehen,
an denen die jungen Seelen Fortschritte machen, vergleichbar jenen Bäumen, die ein Blitzstrahl um mehrere Ellen wachsen läßt. In solchen Stunden sehe ich,
fühle ich, höre ich; der Mond weckt die großen
Schmetterlinge auf, der warme Wind öffnet die
Wunderblumen, das Wasser der großen Becken
schläft ein. Lauschen Sie im Geiste den jähen Wal-
zern dieses geheimnisvollen Klaviers. Die Düfte des
Gewitters dringen durch die Fenster; das ist die
Stunde, wo die Gärten voll sind von rosaroten und
weißen Kleidern, die keine Angst haben naß zu werden. Die kupplerischen Büsche halten die fliehenden
Röcke fest, die braunen Haare und die blonden
Locken verschlingen sich in wirbelndem Tanze. Erinnern Sie sich noch, gnädige Frau, an die gewaltigen
Heuschober, die man so schnell hinuntergleiten
konnte, an die alte Amme, die Ihnen nur so langsam
nachlaufen konnte, und an die Glocke, die es so eilig
hatte, Sie unter das Auge Ihrer Tante, in das große
Speisezimmer zurückzurufen? – Frau von Cosmelly

unterbrach Samuel mit einem Seufzer, wollte den Mund auftun, ohne Zweifel, um ihn zu bitten aufzuhören, aber schon hatte er seine Rede wieder aufgenommen. – Das Trostloseste ist, sagte er, daß jede Liebe stets ein schlimmes Ende nimmt, ein um so schlimmeres, je göttlicher, je leichtbeschwingter sie war, als sie begann. Es gibt keinen Traum, so ideal er auch sein mag, den man nicht mit einem gierigen Säugling an der Brust wiederfände; es gibt keinen Schlupfwinkel, keine noch so entzückende und versteckte Hütte, die nicht dem Pickel zum Opfer fiele. Immerhin handelt es sich da nur um eine Zerstörung von Dingen, aber es gibt eine andere, unerbittlichere und geheimere, die das Unsichtbare befällt. Stellen Sie sich vor, daß in dem Augenblick, in dem Sie sich über den Erwählten Ihres Herzens lehnen und ihm sagen: Laß uns zusammen hinausfliegen und die Tiefe des Himmels suchen! – daß dann eine kalte und unbarmherzige Stimme sich zu Ihrem Ohr neigt, um Ihnen zu sagen, daß unsere Leidenschaften Lügen sind, daß unsere Kurzsichtigkeit es ist, die die schönen Gesichter, und unsere Unwissenheit, die die schönen Seelen schafft, und daß notwendigerweise ein Tag kommt, an dem das Götterbild für den klarer sehenden Blick nur noch ein Gegenstand nicht gerade des Hasses, aber der Verachtung und des Erstaunens ist.

– Ich bitte Sie! . . . sagte Frau von Cosmelly.

Sie war augenscheinlich bewegt; Samuel hatte bemerkt, daß er das Eisen auf eine alte Wunde gelegt hatte, und er beharrte auf seinem grausamen Gerede.

– Gnädige Frau, sagte er, die heilbringenden Leiden der Erinnerung haben ihre Reize, und man findet in diesem Rausch des Schmerzes manchmal Erleichterung. – Bei einer so düsteren Verkündigung würden alle aufrichtigen Seelen ausrufen: »Herr, nimm mich von hier fort mit meinem unberührten und reinen Traum, ich will meine Leidenschaft in ihrer ganzen Jungfräulichkeit der Natur zurückgeben und meinen unverwelkten Kranz anderswohin tragen.« Überdies sind die Wirkungen der Enttäuschung furchtbar. – Die kränklichen Kinder, die einer sterbenden Liebe entstammen, sind die traurige Ausschweifung und die häßliche Ohnmacht: die Ausschweifung des Geistes, die Ohnmacht des Herzens, von denen die eine nur von der Neugierde lebt, die andere jeden Tag vor Ermattung stirbt. Wir alle gleichen mehr oder weniger einem Wanderer, der ein weites Land durcheilt hätte und an jedem Abend die Sonne, die einstmals die Lieblichkeiten des Weges herrlich vergoldete, am flachen Horizont untergehen sähe. Er setzt sich, gelassen, auf schmutzige, mit unbekannten Trümmerresten bedeckte Hügel und sagt den Düften des Heidekrauts, daß sie vergebens zu einem leeren Himmel steigen, den seltenen und armseligen Samenkörnern, daß sie vergebens in einem vertrockneten Boden keimen, den Vögeln, die ihren Bund von irgend jemand gesegnet glauben, daß sie Unrecht tun, Nester in einem von kalten und heftigen Winden durchfegten Lande zu bauen. Traurig nimmt er seinen Weg wieder auf, einer Wüste entgegen, von der er weiß, daß sie der gleicht, die er durcheilt hat, begleitet von einem bleichen Gespenst, das man Vernunft nennt, das mit einer bleichen Laterne die Dürre seines Weges erhellt und ihm das Gift des Überdrusses einflößt, um den leidenschaftlichen Durst, der ihn von Zeit zu Zeit überfällt, zu löschen.

Plötzlich, als er ein tiefes Seufzen und ein mühsam unterdrücktes Schluchzen vernahm, wandte er sich zu Frau von Cosmelly; sie weinte und besaß nicht einmal mehr Kraft genug, es zu verbergen.

Schweigend sah er sie einige Augenblicke an, mit der gerührtesten und salbungsvollsten Miene, die er aufsetzen konnte; der rohe und heuchlerische Komödiant war stolz auf diese schönen Tränen, er betrachtete sie als sein Werk und sein literarisches Eigentum. Er täuschte sich über den tieferen Sinn dieses Schmerzes, ebenso wie Frau Cosmelly, gebadet in ihrer unschuldigen Verzweiflung, sich über die Absicht seines Blickes täuschte. Es spielte sich da ein merkwürdiges Spiel von Mißverständnissen ab, in dessen Verlauf Samuel Cramer ihr schließlich beide Hände entgegenstreckte, die sie mit zartem Vertrauen ergriff.

– Gnädige Frau, nahm Samuel nach einigen Augenblicken des Schweigens – das klassische Schweigen innerer Bewegung – das Wort wieder auf: die wahre Weisheit besteht weniger darin, zu verwünschen, als zu hoffen. Ohne die göttliche Gabe der Hoffnung, wie könnten wir diese gräßliche Wüste des Überdrusses, die ich Ihnen soeben beschrieben habe, durchwandern? Das Gespenst, das uns begleitet, ist wirklich bloß ein Vernunftgespenst, man kann es verjagen, wenn man es mit dem geweihten Wasser der ersten theologischen Tugend besprengt. Es gibt eine liebenswürdige Philosophie, die in den scheinbar unwürdigsten Dingen Tröstungen zu finden weiß. Ebenso wie die Tugend mehr gilt als die Unschuld, und wie es verdienstlicher ist, Samen in eine Wüste zu streuen als sorglos einen fruchttragenden Obstgarten zu plündern, ebenso ist es einer auserwählten Seele wahrhaft würdig, sich zu läutern und ihren Nächsten durch ihre Berührung zu läutern. Wie es keinen Verrat gibt, den man nicht verzeiht, so gibt es auch kein Vergehen, von dem man sich nicht freisprechen lassen, kein Vergessen, dessen Leere man nicht wieder ausfüllen könnte; es gibt eine Wissenschaft, seinen Nächsten zu lieben und ihn liebenswürdig zu finden, wie es ein Wissen um rechte Lebensart gibt.

Je zarter ein Geist veranlagt ist, um so leichter entdeckt er ursprüngliche Schönheiten; je zärtlicher und der göttlichen Hoffnung aufgeschlossener eine Seele ist, um so eher findet sie in einem anderen Menschen, so besudelt er auch sein mag, Gründe, ihn zu lieben. Das ist das Werk der barmherzigen Liebe, und man hat mehr als eine in den dürren Wüsten der Enttäuschung trostlose und verlorene Wanderin gesehen, die ihren Glauben wiederfand und für das, was sie verloren, sich mit neuer stärkerer Liebe erfüllte, mit um so größerem Recht, da sie nunmehr gelernt hat, ihre und ihres Geliebten Leidenschaft zu lenken.

Frau von Cosmellys Gesicht hatte sich nach und nach aufgehellt; ihre Traurigkeit strahlte von Hoffnung wie eine feuchte Sonne, und kaum hatte Samuel seine Rede beendet, als sie lebhaft und mit der unschuldigen Glut eines Kindes zu ihm sagte:

– Ist es wirklich wahr, daß so etwas möglich ist, und gibt es für die Verzweifelten wirklich Zweige, die so leicht zu ergreifen sind?

– Aber gewiß, gnädige Frau.

– Ach! Sie würden mich zur glücklichsten aller Frauen machen, wenn Sie die Güte hätten, mich Ihre Heilmittel zu lehren.

– Nichts leichter als das, gab er brutalen Tons zur Antwort.

Während dieser geziert-gefühlvollen Unterhaltung hatte sich das Vertrauen eingestellt und hatte in der Tat die Hände der Beiden vereinigt, derart, daß nach einigem Zögern und sprödem Getue, was unserem Samuel als gute Vorbedeutung erschien, nun auch Frau von Cosmelly ihr Herz ausschüttete:

– Ich verstehe, Herr Cramer, alles, was eine dichterische Seele an Vereinsamung leiden mag und wie rasch ein Ehrgeiz des Herzens, wie der Ihrige, sich in der Einsamkeit verzehren muß, aber Ihre Schmerzen, die nur Ihnen gehören, kommen, so weit ich es unter dem Prunk Ihrer Worte erraten konnte, aus seltsamen Bedürfnissen, die immer unbefriedigt bleiben und fast unmöglich zu befriedigen sind. Sie leiden, es ist wahr, aber es könnte sein, daß Ihr Leid Ihre Größe ausmacht, und daß es für Sie ebenso notwendig ist, wie für andere das Glück. – Doch jetzt, wollen Sie sich herablassen und mir zuhören und mit einem Kummer Mitgefühl haben, der leichter zu verstehen ist, – einem provinzlerischen Schmerz? Ich erwarte von Ihnen, Herr Cramer, von Ihnen, dem Gelehrten, dem Mann von Geist, die Ratschläge und vielleicht den Beistand eines Freundes.

Sie wissen, daß ich damals, als Sie mich kannten, ein braves kleines Mädchen war, schon ein wenig träumerisch wie Sie, aber scheu und sehr gehorsam, daß ich mich weniger im Spiegel betrachtete als Sie und daß ich mich nie traute, die Pfirsiche und die Trauben, die Sie so keck für mich im Nachbargarten zu stehlen pflegten, zu essen oder in die Tasche zu stecken. Alle Vergnügungen waren für mich nur dann angenehm und vollständig, wenn sie erlaubt waren, und ich gab einem hübschen Jungen, wie Sie es damals waren, lieber vor meiner alten Tante einen Kuß, als draußen in den Feldern. Die Koketterie und die Sorgfalt, die jedes junge Mädchen in heiratsfähigem Alter für ihre Person haben muß, habe ich erst später kennen gelernt. Als ich schlecht und recht gelernt hatte, eine Romanze mit Klavierbegleitung zu singen, zog man mir bessere Kleider an, zwang man mich, mich gerade zu halten, mußte ich turnen und verbot man mir Blumen zu pflanzen und Vögel aufzuziehen, um mir nicht die Hände zu verderben. Ich durfte etwas anderes als Berquin lesen und wurde in großer Toilette in unser Theater geschickt, um schlechte Opern zu hören. Als Herr von Cosmelly ins Schloß kam, empfand ich sogleich eine lebhafte Freundschaft für ihn. Wenn ich seine blühende Jugend mit dem etwas mürrischen Alter meiner Tante verglich, fand ich außerdem, daß er ein vornehmes, ehrenhaftes Aussehen hatte, und er überhäufte mich mit achtungsvollen Schmeicheleien. Und dann erzählte man die schönsten Züge von ihm: ein Arm, verwundet in einem Duell für einen kleinen Hasenfuß von Freund, der ihm die Ehre seiner Schwester anvertraut hatte, gewaltige Summen, die er alten Kameraden ohne Vermögen geliehen hatte, ach, was weiß ich? In seinem Benehmen gegen jedermann hatte er etwas ebenso Liebenswürdiges, wie unwiderstehlich Befehlerisches, das auch mich bezwang. Was für ein Leben hatte er geführt, ehe er bei uns im Schloß lebte? Hatte er andere Vergnügungen gekannt, als mit mir auf die Jagd zu gehen oder tugendhafte Romanzen zu meinem schlechten Klavier zu singen, hatte er Geliebte gehabt? Von all dem wußte ich nichts und dachte auch nicht daran, mich danach zu erkundigen. Ich begann ihn zu lieben mit der ganzen Gutgläubigkeit eines jungen Mädchens, das keine Zeit hatte Vergleiche anzustellen, und ich heiratete ihn, – was meiner Tante das größte Vernügen bereitete. Als ich vor Religion und Gesetz seine Frau wurde, liebte ich ihn noch mehr. – Ich liebte ihn sicherlich viel zu sehr. – Hatte ich Unrecht, hatte ich Recht? Wer kann das wissen? Ich war glücklich über diese Liebe, mein Unrecht war, nicht daran zu denken, daß sie getrübt werden könnte. – Kannte ich ihn gut genug, ehe ich ihn heiratete? Nein, sicher nicht; aber mir scheint, man darf ein anständiges junges Mädchen, das sich verheiraten möchte, nicht mehr anklagen, eine unbedachte Wahl zu treffen, als eine heruntergekommene Frau, sich einen unwürdigen Geliebten zu nehmen. Die eine wie die andere, – ach, wir unglücklichen Frauen! – sind gleich unwissend. Es fehlt diesen unglücklichen Opfern, die man heiratsfähige Mädchen nennt, eine weniger schamhafte Erziehung, ich will sagen, das Wissen um die Laster eines Mannes. Ich möchte, daß alle diese armen kleinen Mädchen, ehe sie unter das eheliche Joch kommen, von einem geheimen Versteck aus, ohne gesehen zu werden, zuhören könnten, wie zwei Männer unter sich von den Dingen des Lebens und besonders von den Frauen miteinander reden. Nach dieser ersten gefährlichen Probe könnten sie sich dem schrecklichen Wagnis der Ehe gefahrloser überlassen, da sie nun Stärke und Schwäche ihrer zukünftigen Tyrannen kennen.

Samuel wußte nicht recht, worauf dieses entzückende Opfer hinaus wollte, aber er begann zu finden, daß sie für eine enttäuschte Frau viel zu viel von ihrem Gatten spräche.

Nach einer Pause von einigen Minuten, als ob sie fürchtete, nunmehr den schwarzen Punkt zu berühren, fuhr sie folgendermaßen fort:

– Eines Tages äußerte Herr von Cosmelly den Wunsch nach Paris zurückzukehren; ich müßte mein Licht leuchten lassen und einen meinen Vorzügen entsprechenden Rahmen haben. Eine schöne und gebildete Frau, sagte er, schuldet sich Paris. Sie muß verstehen, in der Gesellschaft aufzutreten und einige ihrer Strahlen auf ihren Mann fallen zu lassen. – Eine Frau von vornehmer Geistesart und mit gesundem Menschenverstand weiß, daß sie in dieser Welt nur soweit Ruhm zu erwarten hat, als sie an dem Ruhm ihres Weggefährten teil hat, als sie die Fähigkeiten ihres Mannes unterstützt, und vor allem, daß sie nur so viel Achtung genießt, als sie beiträgt, ihm Achtung zu verschaffen. – Das war zweifellos das einfachste und sicherste Mittel, mich fast freudig gehorchen zu lassen; zu wissen, daß meine Bemühungen und mein Gehorsam mich in seinen Augen verschönern könnten, wahrlich, mehr brauchte es nicht, um mich zu veranlassen, nach diesem schrecklichen Paris zu gehen, vor dem ich unwillkürlich Angst hatte und dessen schwarzes Bild und verwirrend gespenstiges Bild am Horizont meiner Träume das arme Herz der Braut beklemmte. – Das also war, wenn man ihn reden hörte, der wahre Grund unserer Reise. Die Eitelkeit eines Gatten macht die Tugend einer liebenden Frau. Vielleicht log er sich, in einer Art von Gutgläubigkeit, selbst etwas vor und trieb er ein listiges Spiel mit seinem Gewissen, ohne sich selbst ganz klar darüber zu sein.

In Paris waren gewisse Tage nur den engeren Freunden vorbehalten, derer Herr von Cosmelly schließlich überdrüssig wurde, wie er seiner Frau überdrüssig geworden war. Vielleicht war er ihrer ein wenig satt geworden, weil sie zu viel Liebe in sich trug, sie brachte ihm ihr ganzes Herz offen entgegen. Seine Freunde bekam er aus dem entgegengesetzten Grunde satt. Sie hatten ihm nichts anderes zu bieten, als das eintönige Vergnügen von Unterhaltungen, bei denen die Leidenschaft nicht beteiligt ist. Von da an ging sein Tatendrang in eine andere Richtung.

Nach den Freunden kamen die Pferde und das Spiel an die Reihe. Das Summen der Welt, der Anblick derer, die sich keine Fesseln angelegt hatten und ihm unablässig von den Erinnerungen einer ausgelassenen und geschäftigen Jugend erzählten, entrissen ihn dem Winkel des Kaminfeuers und den langen Plaudereien. Er, der bis dahin nur seine Liebeshändel gekannt hatte, lud sich nun allerlei Händel auf. Reich und ohne Beruf, verstand er es, sich eine Menge von aufregenden und eitlen Beschäftigungen zu schaffen, die seine ganze Zeit ausfüllten. Die ehelichen Fragen: »– Wohin gehst Du? – Wann sieht man Dich wieder? – Komm bald zurück«, ich mußte sie tief in meine Brust zurückdrängen; denn das Leben im englischen Stil, – dieser Tod des Herzens – das Leben der Klubs und Zirkel, nahm ihn ganz in Anspruch. Die übertriebene Sorgfalt, die er auf seine Person verwendete, das geckenhafte Wesen, das er zur Schau trug, stießen mich sehr bald ab; es ist klar, daß er sich nicht meinethalben so gab. Ich wollte es ihm gleich tun, mehr als schön sein, das heißt kokett sein, kokett für ihn, wie er es für die anderen war; früher bot ich alles an, gab ich alles, von nun an wollte ich mich bitten lassen. Ich wollte die Asche meines erloschenen Glücks wieder entfachen, indem ich sie aufrührte und durcheinander warf; aber ich muß mich wohl sehr schlecht auf die List verstehen und das Laster sehr ungeschickt spielen; er ließ sich nicht herbei, meine Bemühungen zu bemerken. – Meine Tante, grausam wie alle alten und neidischen Frauen, die nur noch das Schauspiel bewundern dürfen, in dem sie früher mitgespielt haben, und gezwungen sind, die Freuden anzuschauen, die man ihnen verweigert, war sehr beflissen, mich durch die eigennützige Vermittlung eines Vetters von Herrn von Cosmelly wissen zu lassen, daß er sich in eine sehr gefeierte Dame vom Theater verliebt hätte. Ich ließ mich in alle Theater führen, und bei jeder schönen Frau, die ich die Bühne betreten sah, zitterte ich in ihr meine Nebenbuhlerin bewundern zu müssen. Schließlich erfuhr ich von dem gleichen Vetter, aus Barmherzigkeit, daß es die Fanfarlo wäre, eine ebenso alberne wie schöne Tänzerin. – Sie, als Schriftsteller, kennen sie sicher. – Ich bin nicht sehr eitel und nicht sehr stolz auf mein Gesicht, aber ich schwöre Ihnen, Herr Cramer, daß ich manches Mal, des Nachts, gegen drei Uhr oder vier Uhr morgens, müde vom Warten auf meinen Mann, die Augen rot von Tränen und Schlaflosigkeit, nach langen und flehentlichen Gebeten um seine Rückkehr zu Treue und Pflicht, Gott, mein Gewissen und meinen Spiegel befragt habe, ob ich ebenso schön wäre, wie diese elende Fanfarlo. Mein Spiegel und mein Gewissen antworteten mir: Ja. Gott hat mir verboten mich meiner Schönheit zu rühmen, aber nicht, mit ihrer Hilfe von Rechts wegen zu siegen. Warum nur geben die Männer zwischen zwei einander gleichen Schönheiten oft der Blume, an der alle Welt gerochen hat, den Vorzug vor der, die sich vor den in den dunkelsten Wegen des ehelichen Gartens vorübergehenden Fremden bewahrt hat? Warum haben die Frauen, die ihren Körper – den Schatz, zu dem nur ein einziger Sultan den Schlüssel haben sollte – verschwenderisch preisgeben, mehr Anbeter als wir anderen unglücklichen Märtyrerinnen einer einmaligen Liebe? Mit welchem magischen Zauber krönt das Laster gewisse Geschöpfe? Welch linkisches und abstoßendes Aussehen verleiht ihre Tugend gewissen anderen? Antworten Sie doch, Sie, die Sie von Berufs wegen alle Gefühle des Lebens und ihre verschiedenen Ursachen kennen müssen!

Samuel hatte keine Zeit zu antworten; denn sie fuhr voll glühenden Eifers fort:

Herr von Cosmelly hat Schweres auf dem Gewissen, wenn das Verderben einer jungen unberührten Seele dem Gott nahe geht, der sie für das Glück einer anderen geschaffen hat. Wenn Herr von Cosmelly heute abend stürbe, hätte er allen Grund, um Verzeihung zu bitten; denn er hat, durch seine Schuld, seiner Frau schreckliche Gefühle, den Haß und das Mißtrauen gegen den Geliebten und den Durst nach Rache gelehrt. – Ach! Herr Cramer, ich verbringe schmerzliche, von schwerster Unruhe erfüllte, schlaflose Nächte: ich bete, ich verwünsche, ich lästere. Der

Priester sagt mir, man müsse sein Kreuz in Entsagung tragen, aber die wahnsinnig gewordene Liebe, das erschütterte Vertrauen verstehen nicht zu entsagen. Mein Beichtvater ist keine Frau, und ich liebe meinen Mann; ich liebe ihn mit der ganzen Leidenschaft und dem ganzen Schmerz einer geschlagenen und mit Füßen getretenen Geliebten. Es gibt nichts, was ich nicht versucht hätte. Anstatt der dunklen und einfachen Kleider, an denen sein Auge sich ehemals erfreute, habe ich übertrieben prunkhafte getragen, wie die Damen vom Theater. Ich, die keusche Gattin, die er sich aus der Verborgenheit eines armen Schlosses geholt hatte, ich habe mich in Dirnenkleidern vor ihm gespreizt, ich habe die Geistreiche und Lustige gespielt, mit dem Tod im Herzen. Ich habe meine Verzweiflung mit den Flittern funkelnden Lächelns aufgeputzt. Ach! Er hat nichts gesehen. Ich habe mich rot geschminkt, Herr Cramer, ich habe mich rot geschminkt! – Sie sehen, es ist eine alltägliche Geschichte, die Geschichte aller unglücklichen Frauen, ein Provinzroman!

Während sie so schluchzte, stand Samuel wie Tartüff da, wenn er von Orgon gepackt wird, dem unerwarteten Gatten, der aus seinem Versteck herausstürzt, gleichwie die tugendhaften Seufzer, die aus dem Herzen dieser Dame brachen und die hin und her schwankende Heuchelei unseres Dichters beim Kragen ergriffen.

Der ungewöhnliche Freimut, mit dem Frau von Cosmelly ihm ihre Gefühle preisgegeben und ihm ihr Vertrauen geschenkt hatte, war geeignet, ihn aufs Äußerste zu ermutigen, – ohne ihn zu erstaunen. Samuel Cramer, der die Welt oft in Erstaunen gesetzt hat, geriet kaum in Erstaunen. Es schien, als ob er in seinem Leben die Wahrheit eines Gedankens von Diderot verwirklichen und vor Augen führen wollte: »Die Ungläubigkeit ist manchmal das Laster eines Dummkopfes, und die Gutgläubigkeit der Fehler eines Mannes von Geist. Der geistvolle Mensch sieht weit in die Unermeßlichkeit des Möglichen. Der Dummkopf sieht vom Möglichen kaum mehr als das, was ist. Da liegt vielleicht der Grund, der den einen kleinmütig und den anderen tollkühn macht.« Das erklärt alles. Einige gewissenhafte und in die wahrscheinliche Wahrheit verliebte Leser werden sicher allerlei gegen diese Geschichte einzuwenden haben, bei der ich nichts anderes zu tun hatte, als die Namen zu ändern und die Einzelheiten stärker zu betonen. Wie, so werden sie sagen, kann Samuel, ein Dichter schlechten Stils und von schlechtem Lebenswandel, sich mit so behender Schnelligkeit einer Dame wie Frau von Cosmelly nähern, sie, gelegentlich eines Romanes von Scott, mit einem Strom nichtssagender, romantischer Poesie überschütten? Wie kann Frau von Cosmelly, die zurückhaltende, tugendhafte Gattin, so rasch, ohne Scham und Mißtrauen, das

Geheimnis ihres Kummers vor ihm ausschütten? Worauf ich antworte, daß Frau von Cosmelly arglos war wie eine schöne Seele und Samuel keck wie die Schmetterlinge, die Maikäfer und die Dichter; er stürzte sich in alle Flammen und stieg durch alle Fenster. Der Gedanke Diderots erklärt, warum die eine so vertrauensselig war, der andere so derb und unverschämt zugriff. Er erklärt auch all die Schnitzer, die Samuel in seinem Leben gemacht hat, Schnitzer, die ein Dummkopf nie gemacht hätte. Die Menschen, die von Natur kleinmütig sind, können kaum eine Persönlichkeit wie Samuel verstehen, der wesentlich leichtgläubig und von lebhafter Einbildungskraft war, und zwar dermaßen, daß er – als Dichter an sein Publikum, – als Mensch an seine eigenen Leidenschaften glaubte.

Von diesem Augenblick ab wurde ihm klar, daß diese Frau stärker, von jäherer Gemütsart war, als sie aussah, und daß man diese fromme Unschuld nicht vor den Kopf stoßen dürfe. So haspelte er ihr von neuem sein romantisches Geschwätz ab. Da er sich seiner Dummheit schämte, beschloß er, es mit der Verschlagenheit zu versuchen; eine Zeitlang sprach er noch im Priester-Schüler-Kauderwelsch von Wunden, die man noch mit Hilfe neuer schmerzloser, wenn auch heftig blutender Einschnitte schließen oder ausbrennen könne. Wem immer darum zu tun gewesen ist, ohne daß er die sündenvergebende

Kraft eines Valmond oder Lovelace gehabt hätte, eine anständige Frau zu besitzen, der kaum etwas daran gelegen war, weiß, mit welch lächerlicher und hochtrabender Unbeholfenheit alle diese Leute, auf ihr Herz weisend, zu sagen pflegen: – Nehmen Sie mit diesem Bären vorlieb, – dem brauche ich wohl nicht zu erklären, wie dumm Samuel sich benommen hat.

– Frau von Cosmelly, diese liebenswürdige Elmire, die den klaren und klugen Blick der Tugend hatte, sah sogleich den Vorteil, den sie, für ihr Glück und für die Ehre ihres Gatten, aus diesem unerfahrenen Schurken ziehen konnte. Sie bezahlte ihn also mit gleicher Münze; sie ließ sich die Hand drücken; man sprach von Freundschaft und platonischer Liebe. Sie flüsterte das Wort Rache; sie sagte, daß man in so schmerzlich gespannten Augenblicken im Leben einer Frau den Rest des Herzens, den der Treulose einem noch gnädigst gelassen hätte, gern seinem Rächer überlassen werde – und andere dramatische Lächerlichkeiten und Schwätzereien mehr. Kurz, sie spielte die Kokette um des guten Zweckes willen, und unser junger Wüstling, der einfältiger war als ein gelehrter Professor, versprach, die Fanfarlo Herrn von Cosmelly abspenstig zu machen und ihn von der Buhlerin loszueisen, – in der Hoffnung, in den Armen einer anständigen Frau die Belohnung für sein verdienstliches Werk zu finden. – Nur die

Dichter sind unschuldig genug, um solche Ungeheuerlichkeiten zu erfinden.

Ein reichlich komischer Nebenumstand in dieser Geschichte, etwas wie ein Intermezzo in dem schmerzlichen Drama, das sich zwischen diesen vier Personen abspielen sollte, war die Verwechslung der Sonette Samuels; denn was Sonette angeht, war er unverbesserlich, – das eine für Frau von Cosmelly, in dem er in mystischem Stil ihre Beatrice-Schönheit feierte, ihre Stimme, die engelhafte Reinheit ihrer Augen, die Keuschheit ihres Ganges und so weiter; das andere für die Fanfarlo, in dem er ihr ein Gericht von gepfefferten Schmeicheleien servierte, das einer weniger geschulten Anfängerin das Wasser im Munde hätte zusammenfließen lassen, eine poetische Gattung übrigens, in der er glänzte und von früh an alle nur möglichen andalusischen Empfindsamkeiten übertroffen hatte. Das erste Machwerk gelangte zu dem bewußten Frauenzimmer, das dieses Gurkengericht in die Zigarrenkiste warf, das zweite zu der armen Verlassenen, die zuerst große Augen machte, schließlich aber begriff, und trotz ihres Schmerzes sich nicht enthalten konnte in helles Lachen auszubrechen, wie zu der Zeit, als noch alles gut war.

Samuel ging ins Theater und begann die Fanfarlo auf den Brettern anzuschauen. Er fand sie leichtfüßig, prachtvoll, blühend, sehr geschmackvoll in ihrem Aufputz und schätzte Herrn von Cosmelly überaus glücklich, sich für einen solchen Bissen zu Grunde richten zu dürfen.

Er versuchte zweimal, ihr einen Besuch zu machen, – ein kleines Haus mit samtbelegter Treppe, voll von Vorhängen und Teppichen, in einem neuen Viertel im Grünen, aber es gelang ihm nicht, sich unter irgendeinem vernünftigen Vorwand bei ihr einzuführen. Eine Liebeserklärung war völlig unnütz und sogar gefährlich. Ein Fehlschlag hätte ihm verboten wiederzukommen. Sich ihr vorstellen zu lassen, ging auch nicht an; denn er erfuhr, daß die Fanfarlo niemanden empfing. Einige vertraute Freunde besuchten sie von Zeit zu Zeit. Was hätte er einer Tänzerin sagen oder mit ihr zu tun haben können, die glänzend bezahlt und ausgehalten und von ihrem Geliebten angebetet wurde? Was hätte er ihr bringen können, er, der weder Schneider noch Schneiderin, weder Ballettmeister noch Millionär war? – So faßte er einen einfachen und brutalen Entschluß; die Fanfarlo mußte zu ihm kommen. Zu jener Zeit hatten die Artikel, in denen Lob und Kritik verteilt wurden, mehr Wert als heutzutage. Die *Leichtigkeiten* des Feuilletons, wie kürzlich ein kecker Advokat in einem zu trauriger Berühmtheit gelangten Prozeß sagte, waren viel größer als heute. Da ein paar begabte Künstler einige Male vor Presseleuten die Waffen gestreckt hatten, kannte die Unverschämtheit dieser leichtfertigen und abenteuerlustigen jungen Leute keine Grenzen mehr. So widmete sich denn Samuel – er, der von Musik nichts verstand, – der Spezialität der Operettentheater.

Von da an wurde die Fanfarlo allwöchentlich unter dem Strich einer angesehenen Zeitung durchgehechelt. Man konnte von ihr nicht sagen oder auch nur vermuten lassen, daß sie schlecht geformte Beine, Knöchel oder Knie hätte, die Muskeln trieben ihr Spiel unter den Strümpfen, und alle Operngläser hätten solche Behauptungen als Lästerung verschrien. Man beschuldigte sie roh, gewöhnlich, geschmacklos zu sein, sie wollte Gewohnheiten von jenseits des Rheins und der Pyrenäen ins Theater bringen, Castagnetten, Sporen, Stiefelabsätze, – ganz abgesehen davon, daß sie tränke wie ein Grenadier, daß sie die kleinen Hündchen und die Tochter ihrer Hausmeisterin zu gern hätte, – und andere schmutzige Wäsche aus ihrem Privatleben, wie sie das Futter und der tägliche Leckerbissen gewisser Winkelblätter sind. Man stellte ihr, mit jener, den Zeitungsschreibern eigenen Taktik, die darin besteht, ganz ungleiche Dinge mit einander zu vergleichen, eine elfenhafte Tänzerin gegenüber, die sich stets in Weiß kleidete und deren keusche Bewegungen alle Gewis-

43

sen in Ruhe ließen. Manchmal schrie und lachte die Fanfarlo sehr laut in den Zuschauerraum hinein, wenn sie einen Sprung über die Rampe beendete; sie wagte zu gehen, wenn sie tanzte. Niemals trug sie jene abgeschmackten Kleider aus Gaze, die alles sehen und nichts ahnen lassen. Sie liebte die Stoffe, die Geräusch verursachen, die langen knisternden, mit blechernen Flittern besetzten Röcke, die man mit kräftigen Knien sehr hoch heben muß, die Seiltänzermieder; sie tanzte, nicht mit Ohrringen, sondern mit Ohrgehängen, fast möchte ich zu sagen wagen, mit Kronleuchtern. Am liebsten hätte sie am Saum ihrer Röcke eine Menge kleiner phantastischer Puppen angebracht, wie die alten Zigeunerinnen, die einem mit drohenden Gebärden die Zukunft weissagen und denen man am hellen Mittag unter den Bogen der römischen Ruinen begegnet; alles Drolligkeiten übrigens, in die der romantische Samuel, einer der letzten Romantiker, die Frankreich besitzt, aufs stärkste vernarrt war.

So gut hatte er drei Monate lang die Fanfarlo verunglimpft, daß er sich sterblich in sie verliebte und sie endlich wissen wollte, wer dieses Ungeheuer, dieses Herz von Erz, dieser Tölpel, dieser armselige Mensch wäre, der so hartnäckig das Königtum ihres Genies leugnete.

Man muß der Fanfarlo die Gerechtigkeit widerfahren lassen, daß es nur eine Regung der Neugier war, die sie trieb, nichts mehr. Trug ein solcher Mensch wirklich die Nase mitten im Gesicht und war er genau so gebaut, wie andere seinesgleichen? Als sie sich eine oder zwei Auskünfte über Samuel verschafft und erfahren hatte, daß er ein Mensch wäre wie alle anderen, etwas Verstand und Begabung aufzuweisen hätte, begriff sie undeutlich, daß irgend etwas hinter der Sache versteckt wäre und daß dieser schreckliche Montagsartikel sehr wohl nichts anderes sein könnte, als eine besondere Sorte von Wochenangebinde oder die Visitenkarte eines hartnäckigen Bittstellers.

Eines Abends suchte er sie in ihrem Ankleideraum auf. Zwei Riesenleuchter und ein starkes Feuer ließen ihr Licht auf den bunten Kostümen zittern, die in diesem Boudoir herumlagen.

Die Königin des Ortes, gerade dabei, das Theater zu verlassen, legte wieder das Kleid einer einfachen Sterblichen an und zog, auf einen Stuhl gekauert, ihre Schuhe an, wobei sie ohne Scham ihr anbetungswürdiges Bein zeigte; ihre weichen langen Finger ließen das Band ihrer Schnürstiefel durch die Löcher hindurch wie ein flinkes Weberschiffchen spielen, ohne daß sie dabei an den Rock dachte, den sie hätte herunterlassen sollen. Dieses Bein war für Samuel schon längst ein Gegenstand dauernder Sehnsucht. Lang, fein, kräftig, weich und unruhig zugleich, ganz und gar von regelmäßiger Schönheit, besaß es den ganzen lockeren Reiz des Hübschen.

Senkrecht abgeschnitten an der breitesten Stelle, hätte es ein Dreieck gebildet, dessen Spitze auf dem Schienbein gelegen wäre und dessen gewölbte Basis die gerundete Wadenlinie dargestellt hätte. Ein richtiges Männerbein ist zu hart, die von Devéria gezeichneten Frauenbeine sind zu weich, um eine richtige Vorstellung von ihm zu geben.

In dieser anmutigen Haltung zeigte ihr Haupt, dem Fuß zugeneigt, den Hals eines Prokonsuls, breit und kräftig, und ließ die tiefe Linie der Schulterblätter ahnen, die von vollem, braunem Fleisch bedeckt waren. Das schwere und dichte Haar fiel zu beiden Seiten nach vorn herab, kitzelte ihren Busen und legte sich vor die Augen, so daß sie es immer wieder durcheinander und zurückwerfen mußte. Eine eigensinnige und entzückende Ungeduld, wie die eines verwöhnten Kindes, dem es nicht schnell genug geht, bewegte das ganze Geschöpf und ihre Kleidung hin und her und ließ in jedem Augenblick neue Aussichten, neue Linien- und Farbenwirkungen entdecken.

Samuel blieb achtungsvoll stehen – oder tat so, als ob er achtungsvoll stehen blieb; denn bei diesem Teufelskerl weiß man nie so recht, wo der Komödiant beginnt.

– Ah! Da wären Sie also, mein Herr, redete sie ihn an, ohne sich stören zu lassen, obwohl man ihr schon vor einigen Minuten den Besuch Samuels angekündigt hatte. – Sie möchten etwas von mir, nicht wahr?

Die großartige Unverschämtheit dieser Worte traf den armen Samuel mitten ins Herz; acht Tage lang hatte er wie eine romantische Elster vor Frau von Cosmelly geschwatzt; hier gab er ruhig zur Antwort:

– Ja, meine Gnädigste.

Und die Tränen kamen ihm in die Augen.

Damit hatte er einen ungeheuren Erfolg. Die Fanfarlo lächelte.

– Aber welcher Floh hat Sie denn gestochen, mein Herr, daß Sie mich mit solcher Wut beißen? Was für ein schreckliches Handwerk . . .

– Schrecklich, wahrhaftig, meine Gnädigste . . . nämlich, ich bete Sie an.

– Ich ahnte es, entgegnete die Fanfarlo. Aber Sie sind ein Ungeheuer; diese Taktik ist schändlich. –

– Arme Mädels, die wir sind, fügte sie lachend hinzu. – Flora, mein Armband. – Geben Sie mir Ihren Arm bis zu meinem Wagen und sagen Sie mir, ob ich Ihnen heute abend gefallen habe.

Und so gingen sie, Arm in Arm, wie zwei alte Freunde; Samuel war verliebt oder fühlte wenigstens sein Herz heftig klopfen. – Er war vielleicht wunderlich, aber er war, jedenfalls diesmal, nicht lächerlich.

In seiner Freude hätte er beinahe vergessen, Frau von Cosmelly von seinem Erfolg zu benachrichtigen und ihrem einsamen Herz ein wenig Hoffnung zu bringen.

Einige Tage später spielte die Fanfarlo die Rolle

der Colombine in einer großen, von einigen geistreichen Leuten für sie verfaßten Pantomime.

Sie trat da in einer anmutigen Folge von Verwandlungen als Colombine, Margarete, Elvira und Zéphirine auf und empfing auf die heiterste Art der Welt Küsse von Personen aus mehreren Generationen verschiedener Länder und Literaturen. Ein großer Musiker hatte es nicht verschmäht, eine phantastische, der Seltsamkeit des Gegenstandes angepaßte Musik zu schreiben. Die Fanfarlo war nacheinander sittsam, zauberhaft, toll, lustig, sie war prachtvoll in ihrer Kunst, ebenso Schauspielerin mit den Beinen, wie Tänzerin mit den Augen.

Nebenbei gesagt, die Tanzkunst wird bei uns viel zu wenig geschätzt. Alle großen Völker, voran die der antiken Welt, Indiens und Arabiens, haben sie in gleichem Maße wie die Dichtkunst gepflegt. Der Tanz erhebt sich ebenso hoch über die Musik, in manchen heidnischen Bräuchen jedenfalls, wie das Sichtbare und das Geschaffene sich über das Unsichtbare und das Ungeschaffene erheben. – Die allein können mich verstehen, denen die Musik malerische Ideen vermittelt.

Der Tanz kann alle Geheimnisse offenbaren, welche die Musik in sich birgt, und hat außerdem den Vorzug menschlich und greifbar zu sein. Der Tanz, das ist Poesie mit Armen und Beinen, ist der Stoff, anmutig und schrecklich, beseelt, verschönert durch die Bewegung. – Terpsichore ist eine Muse des Südens, ich vermute, daß sie sehr braun war und daß sie ihre Füße oft zwischen den goldenen Ähren bewegt hat, alle ihre rhythmisch gemessenen Bewegungen sind göttliche Vorwürfe für den Bildhauer. Aber Fanfarlo, die Katholikin, nicht zufrieden mit Terpsichore zu wetteifern, rief die ganze Kunst der neueren Gottheiten zu Hilfe. Die Nebeldünste lassen die Formen von weniger schleierhaften und weniger lässigen Feen und Undinen ineinanderfließen. Sie war gleichzeitig eine Laune Shakespeares und eine italienische Opera buffa.

Der Dichter war hingerissen; er glaubte den Traum seiner längstvergessenen Jugendtage vor Augen zu haben. Am liebsten hätte er, in dem tollen Rausch, der ihn beseelte, lächerliche Freudensprünge in ihrer Loge vollführt und sich den Kopf an irgend einem Gegenstand zerschlagen.

Eine niedrige, wohlverschlossene Kutsche trug den Dichter und die Tänzerin schnell zu dem besagten kleinen Haus.

Unser Freund drückte seine Bewunderung durch die stummen Küsse aus, die er inbrünstig auf ihre Füße und Hände drückte. – Auch sie war voller Bewunderung für ihn, nicht, weil sie die Macht ihrer Reize nicht gekannt hätte, aber noch niemals hatte sie einen so phantastischen, von so zündender Leidenschaft erfüllten Mann gesehen.

Das Wetter war schwarz wie das Grab, und der Wind, der die Wolken zu Haufen hin und her wiegte, ließ, wie er sie so durcheinanderschüttelte, einen Schauer von Hagel und Regen niederrauschen. Ein starker Sturm ließ die Dachstuben zittern und die Kirchtürme ächzen; der Bach, Totenbett, auf dem die Liebesbriefe und die Ausschweifungen des vergangenen Tages heruntertrieben, wälzte mit seinen sprudelnden Wellen seine tausend Geheimnisse in die Kanäle; das Sterben ließ sich fröhlich auf die Krankenhäuser nieder, und die Chattertons und die Savages der rue Saint-Jacques krampften ihre erfrorenen Finger über ihren Tintenfässern zusammen, – als der falscheste, selbstsüchtigste, sinnlichste, leckerhafteste, geistreichste von all unseren Freunden vor einem schönen Abendessen, einer guten Tafel, in Gesellschaft einer der schönsten Frauen anlangte, die je die Natur als Augenweide gebildet hat. Samuel wollte das Fenster öffnen, um einen Blick des Triumphes auf die verwünschte Stadt zu werfen, aber dann, indem er seine Augen auf die verschiedenen Glückseligkeiten in seiner Nähe fallen ließ, beeilte er sich sie zu genießen.

In Gesellschaft solcher Dinge konnte er nicht anders als beredt sein: daher, trotz seiner zu hohen Stirn, seiner wie ein Urwald struppigen Haare und seiner Schnupfernase, fand ihn die Fanfarlo fast nett.

Samuel und die Fanfarlo hatten genau die gleichen Ansichten von der Küche und der Ernährungsweise, wie sie sich für Ausnahmemenschen gehört. Die nichtssagenden Fleischsorten, die geschmacklosen Fische waren von den Soupers dieser Sirene ausgeschlossen. Champagner entehrte selten ihren Tisch. Die berühmtesten und duftigsten Bordeauxweine mußten den schweren und gedrängten Bataillonen der Burgunderweine, der Weine der Auvergne, des Anjou und des Südens, sowie den fremden Weinen deutscher, griechischer, spanischer Herkunft den Vortritt lassen. Samuel pflegte zu sagen, ein Glas echten Weins müsse einer dunklen Weintraube gleichen, und man hätte an einem solchen Wein ebenso viel zu essen wie zu trinken. – Die Fanfarlo liebte das noch blutende Fleisch und die Weine, welche berauschen. – Aber sie beschwipste sich nie. – Alle beide bezeugten eine tiefe und aufrichtige Wertschätzung der Trüffel. – Die Trüffel, jenes geheime und geheimnisvolle Gewächs der Cybele, jene köstliche Krankheit, die sie in ihren Eingeweiden länger als das kostbarste Metall verborgen hielt, jenes feine Gewebe, das der Wissenschaft des kundigsten Gärtners spottet, wie das Gold der des Paracelsus, die Trüffel, welche die antike Welt von der modernen unterscheidet, und vor einem Glase Chioswein soviel bedeutet wie mehrere Nullen hinter einer Zahl.

Was die Frage der Saucen, Ragouts und der

schmackhaften Zutaten angeht, eine ernsthafte Frage, die ein Kapitel erfordern würde, ebenso ernsthaft, wie eine wissenschaftliche Plauderei, so kann ich Ihnen versichern, daß sie sich da völlig einig waren, besonders über die Notwendigkeit, die gesamte Apotheke der Natur zur Unterstützung der Küche zu Hilfe zu rufen. Pfefferkräuter, englische Gewürze, Safran, koloniale Erzeugnisse, exotische Pulver, alles wäre ihnen recht gewesen, selbst Moschus und Weihrauch. Wenn Cleopatra noch lebte, ich bin sicher, sie hätte Ochsen- oder Rehfilets mit arabischen Düften zubereiten mögen. Wahrlich, es ist bedauerlich, daß die cordons bleus, die Meisterköche von heute, nicht durch ein besonderes Wollustgesetz gehalten sind, die chemischen Eigenschaften der Stoffe zu kennen, und daß sie es nicht verstehen, für notwendige Fälle, z. B. für ein Liebesfest, fast entzündliche Küchenessenzen zu entdecken, Kräfte, die imstande sind, die Organe blitzartig, wie Blausäure, zu durchströmen und sich wie Äther zu verflüchtigen.

Merkwürdig, diese Übereinstimmung in ihrer Auffassung von guter Küche, diese Gleichheit ihrer Geschmacksrichtung knüpfte ein festes Band zwischen ihnen; dieses tiefe Verständnis für das Leben des Sinnengenusses, Verständnis, das ihr aus jedem Blick und in jedem Wort Samuels entgegenglänzte, machte einen starken Eindruck auf die Fanfarlo. Seine bald wie eine Zahl brutale, bald wie eine

Blume oder wie ein Riechkissen zarte und duftige Rede, diese seltsame Unterhaltungskunst, deren Geheimnis er allein gekannt hat, gewannen ihm vollends die Gunst dieser reizenden Frau. Als er übrigens das Schlafzimmer in Augenschein nahm, stellte er nicht ohne lebhafte und tiefe Genugtuung fest, daß auch ihre Geschmacksempfindungen hinsichtlich der Raumgestaltung und Ausstattung völlig übereinstimmten. Cramer haßte aufs Äußerste, und er hatte damit, meiner Meinung nach, durchaus recht, die großen geraden Linien, wie man sie in die Bauweise unserer Häuser und Wohnzimmer hineingetragen hat. Die weiten Säle der alten Schlösser beängstigen mich, und ich beklage die Schloßherrinnen, daß sie gezwungen waren, sich der Liebe in großen Schlafräumen hinzugeben, die wie Kirchhöfe aussahen, in weiten Trauergerüsten, die sich Betten nennen ließen, auf unförmigen Denkmälern, die unter dem Decknamen »Fauteuil« gingen. Die Zimmer in Pompeji sind so groß wie eine Hand, die indischen Ruinen, welche die Küste von Malabar bedecken, zeugen von dem gleichen Grundsatz. Diese großen wollüstigen und weisen Völker kannten sich in dieser Hinsicht aufs Beste aus. Die vertraulichen Gefühle gelangen nur in einem sehr engen Raum zu ruhiger Sammlung.

Das Schlafzimmer der Fanfarlo also war sehr klein, sehr niedrig, mit weichen, duftdurchtränkten

und gefährlich zu berührenden Gegenständen über-
füllt; die Luft, beladen mit seltsamen Ausdünstun-
gen, erweckte Lust, langsam darin zu sterben wie in
einem Gewächshaus. Das Licht der Lampe spielte in
einem Gewirr von Spitzen und Stoffen von lebhafter, aber zweideutiger Färbung. Hier und da, an den
Wänden, beleuchtete es einige Gemälde, in denen
spanische Wollust atmete; sehr weiße Fleischtöne auf
sehr schwarzem Hintergrund. Es war in diesem entzückenden Nest, das ebenso gut einem Dirnengemach
wie einem Heiligtum glich, daß Samuel die neue
Göttin seines Herzens in dem strahlend heiligen
Glanze ihrer Nacktheit auf sich zukommen sah.

Welcher Mann möchte nicht, selbst um den Preis
der Hälfte seiner Tage, seinen Traum, seinen wahren Traum ohne Schleier vor sich erscheinen sehen;
sehen, wie das angebetete Schattenbild seiner Phantasie eins nach dem andern der Gewänder fallen
ließe, die zum Schutz gegen die Augen der Menge
bestimmt sind? Aber Samuel, von einer phantastischen Laune ergriffen, begann plötzlich, wie ein verwöhntes Kind, auszurufen: – Ich will Colombine,
gib mir Colombine wieder, gib sie mir, wie sie mir
erschienen ist an dem Abend, da sie mich mit ihrem
abenteuerlichen Putz und ihrem Seiltänzerinnen-
jäckchen verrückt gemacht hat.

Die Fanfarlo, zuerst erstaunt, tat dem Manne,
den sie sich erwählt hatte, die Liebe, seinem ausgefal-

lenen Wunsche zu willfahren und klingelte Flora
herbei. Das Kammermädchen machte vergebens gel-
tend, daß es schon drei Uhr morgens wäre, daß alles
im Theater geschlossen wäre, daß der Hausmeister
längst schliefe, daß das Wetter scheußlich wäre; –
das Unwetter lärmte weiter – sie mußte der gehorchen, die selbst gehorchte, und machte sich auf den
Weg, als Cramer, von einer neuen Idee ergriffen,
sich an die Klingelschnur hängte und mit donnern-
der Stimme ausrief:

Heh! Vergessen Sie nicht die rote Schminke!

Dieser bezeichnende Zug, den die Fanfarlo eines
Abends, als ihre Kameraden sie über den Beginn ihres Verhältnisses mit Samuel befragten, selbst erzählte, hat mich nicht im geringsten in Erstaunen
versetzt; ich habe daran sogleich den Verfasser der
Fischadler erkannt. Rot und Bleiweiß werden immer
seine Vorliebe bleiben, Simili- und Rauschgold jeder
Art. Er würde am liebsten die Bäume und den Himmel mit einem neuen Anstrich versehen, und wenn
Gott ihm den Schöpfungsplan der Natur anvertraut
hätte, würde er ihn wahrscheinlich verdorben haben.

Obwohl Samuel eine verderbte Phantasie besaß,
und vielleicht gerade deswegen, war bei ihm die
Liebe weniger eine Angelegenheit der Sinne als des
Verstandes, sie bestand für ihn hauptsächlich in der
Bewunderung und in dem Verlangen des Schönen;
er betrachtete die Fortpflanzung als ein Laster der

Liebe, die Schwangerschaft als eine Spinnenkrankheit. Irgendwo hat er einmal geschrieben: Die Engel sind Zwitterwesen und unfruchtbar. – Er liebte einen menschlichen Leib wie einen körperlichen Gleichklang, wie einen schönen Bau, zu dem noch die Bewegung käme; und dieser unbedingte Materialismus war nicht weit vom reinen Idealismus entfernt. Aber da es im Schönen, das die Ursache der Liebe ist, nach seiner Auffassung zwei Bestandteile gibt: die Linie und den Reiz, – und da es sich bei all dem nur um die Linie handelt, – war der Reiz für ihn, wenigstens an diesem Abend, die rote Schminke.

Die Fanfarlo also war für ihn der Inbegriff der Linie und des Reizes; und als er sie anschaute, wie sie auf dem Rand ihres Bettes saß, in der Unbekümmertheit und der sieghaften Ruhe der geliebten Frau, die Hände zart auf ihn gelegt, war es ihm, als ob er das Unendliche hinter den klaren Augen dieser Schönheit erblickte, und als ob die seinigen nun endlich in unermeßlichen Himmelsfernen schweiften. Übrigens, wie es bei Ausnahmemenschen der Fall ist, war er oft allein in seinem Paradies, da niemand es mit ihm zusammen bewohnen konnte; und wenn er sie einmal zufällig dorthin entführte oder sie fast mit Gewalt dorthin schleppte, so blieb sie immer zurück: und daher begann in dem Himmel, in dem er herrschte, seine Liebe traurig und krank zu werden

an der Schwermut der Bläue, wie ein einsamer König.

Indessen wurde er ihrer niemals überdrüssig; niemals, wenn er sein Liebesnest verlassen hatte und
mit leichten Schritten auf dem Trottoir dahinging,
in der frischen Morgenluft, kostete er jenen selbstsüchtigen Genuß der Zigarre und der in den Taschen
vergrabenen Hände, von denen unser großer Ro-
manschriftsteller von heute einmal spricht.

Hatte Samuel auch kein Herz, so besaß er doch
Verstand, und anstatt Undankbarkeit hatte der Genuß jene köstliche Befriedigung, jene sinnliche Träumerei in ihm erweckt, die vielleicht wertvoller ist als
die Liebe, wie das Volk sie versteht. Überdies hatte
die Fanfarlo ihr Bestes hergegeben und nicht gespart
mit ihren geschicktesten Zärtlichkeiten, da sie ge-
merkt hatte, daß es sich bei diesem Manne lohne: sie
hatte sich an diese mystische, mit unsauberen und
ungeheuerlich derben Schlüpfrigkeiten aufgeputzte
Sprache gewöhnt. – Das hatte wenigstens den Reiz
der Neuheit für sie.

Der überraschende Streich der Tänzerin hatte
Aufsehen erregt. Mehrere Male hatte ihr Auftreten
abgesagt werden müssen; sie war nicht zu den Pro-
ben gekommen; viele Leute beneideten Samuel.

Eines Abends, als der Zufall, die Langeweile, die Herrn von Cosmelly plagte, oder ein listiges Gewebe seiner Frau sie in der Kaminecke vereinigt hatte, – nach einem langen Stillschweigen, wie es in den Ehen vorkommt, in denen man sich nichts mehr zu sagen und viel voreinander zu verbergen hat, – nachdem sie ihm den besten Tee der Welt in einer sehr bescheidenen und schon ziemlich rissigen Teekanne, vielleicht noch der aus dem Schlosse ihrer Tante, bereitet hatte, – nachdem sie ihm einige vor zehn Jahren modische Lieder am Klavier vorgesungen hatte, – sagte sie ihm mit der sanften und vorsichtigen Stimme der Tugend, die sich liebenswürdig geben will und den Gegenstand ihrer Neigung doch zu erschrecken fürchtet, – daß sie ihn sehr bedauere, daß sie viel geweint hätte, mehr noch über ihn als über sich selbst, daß sie zum mindesten, in ihrem ergebenen und opferbereiten Verzicht, gewünscht hätte, er könnte anderswo als bei ihr die Liebe finden, die er von ihr, seiner Frau, nicht mehr verlangte; daß sie mehr darunter gelitten hätte, ihn betrogen als sich verlassen zu sehen; daß sie übrigens selbst sehr gefehlt hätte, daß sie die Pflicht einer zärtlichen Gattin, ihren Gatten auf die ihm drohende Gefahr aufmerksam zu machen, versäumt hätte; daß sie aber bereit wäre, diese blutende Wunde zu schließen und allein eine gemeinsam begangene Unbesonnenheit wieder gut zu machen und dergleichen mehr,

– und alles, was eine von der Zärtlichkeit gestattete List an honigsüßen Worten eingeben kann. Sie weinte, und weinte gut; das Feuer beleuchtete ihre Tränen und ihr vom Schmerz verschöntes Gesicht.

Herr von Cosmelly sprach kein Wort und verließ das Haus. Die in der Falle ihrer Fehler gefangenen Männer bringen nicht gern der Milde das Opfer ihrer Gewissensbisse dar. Falls er sich zur Fanfarlo begab, fand er dort ohne Zweifel Spuren von Unordnung, Zigarrenstummel und Feuilletons.

Eines Morgens wurde Samuel durch die etwas kecke Stimme der Fanfarlo aufgeweckt und hob langsam sein müdes Haupt von dem Kopfkissen, auf dem er lag, um einen Brief zu lesen, den sie ihm übergab.

»Dank, sehr geehrter Herr, tausendmal Dank; mein Glück und meine Dankbarkeit werden Ihnen in einer besseren Welt vergolten werden. Ich nehme die Gabe an. Ich nehme meinen Gatten aus Ihren Händen zurück, und ich entführe ihn heute abend auf unseren Besitz in C..., wo ich die Gesundheit und das Leben, das ich Ihnen verdanke, bald wieder zu finden hoffe. Empfangen Sie, sehr geehrter Herr, das Versprechen einer ewigen Freundschaft. Ich habe immer gewußt, daß Sie zu sehr Ehrenmann sind, um nicht eine Freundschaft mehr jeder anderen Belohnung vorzuziehen.«

Samuel, breit hingerekelt auf dem Spitzenbett,

gestützt auf eine der blühendsten und schönsten Schultern, die man erblicken konnte, hatte das unbestimmte Gefühl, daß er überspielt worden wäre, und vermochte nur mit einiger Anstrengung die Fäden der Verwicklung, deren Auflösung er herbeigeführt hatte, in seinem Gedächtnis zusammenzubringen, aber er sagte sich in aller Ruhe: – Sind unsere Leidenschaften wirklich sehr aufrichtig? Wer kann mit Sicherheit wissen, was er eigentlich will, und das Barometer seines Herzens genau kennen?

– Was murmelst du da? Was hast du da? Laß sehen, sagte die Fanfarlo.

– Ach! Nichts, brachte Samuel hervor. – Den Brief einer anständigen Frau, der ich versprochen hatte, deine Liebe zu gewinnen.

– Das sollst du mir bezahlen, flüsterte sie vor sich hin.

Aller Wahrscheinlichkeit nach hat die Fanfarlo Samuel wirklich geliebt, aber mit jener Liebe, von der wenig Menschen wissen: mit Groll im Herzen. Was ihn angeht, so ist er bestraft worden mit dem, womit er gesündigt hatte. Er hatte oft die Leidenschaft nachgeäfft; nun wurde er gezwungen, sie kennen zu lernen; aber es war nicht die ruhige, stille und starke Liebe, wie sie die anständigen jungen Mädchen einflößen, es war die schreckliche, trostlose und schmachvolle Liebe, die krankhafte Liebe der Buhlerinnen. Samuel lernte alle Qualen der Eifersucht, die Niedergeschlagenheit und die Traurigkeit kennen, in die uns das Wissen von einer unheilbaren, an unserem Mark zehrenden Krankheit versetzt, – kurz, das ganze Grauen jener lasterhaften Ehe, die man wilde Ehe nennt. – Und sie, sie wird mit jedem Tag dicker; sie ist eine etwas dickliche, saubere, glänzende und rosige Schönheit geworden, eine Art ministerieller Kokette. – Eines Tages wird sie zur Osterbeichte gehen und das geweihte Brot in der Kirche ihres Sprengels darreichen. Zu dieser Zeit wird Samuel, aller Pein durch den Tod enthoben, vielleicht *unter der Platte festgenagelt* sein, wie er in seinen guten Tagen zu sagen pflegte, und die Fanfarlo, mit ihrem Stiftsdamen-Gebaren, wird einem jungen Erben den Kopf verdrehen. – In der Zwischenzeit lernt sie Kinder auf die Welt zu setzen; gerade ist sie glücklich von Zwillingen entbunden worden. – Samuel ist mit vier wissenschaftlichen Büchern niedergekommen, einem Buch über die vier Evangelisten, – einem anderen über die Symbolik der Farben, – einer Denkschrift über ein neues Annoncen-System, und einem vierten, an dessen Titel ich mich nicht mehr erinnern will. – Das Schrecklichste an diesem letzten Buch liegt darin, daß es voll von Schwung, Kraft und Merkwürdigkeiten ist. Samuel hat die Stirn gehabt, als Motto darüber zu setzen: Auri sacra fames! – Die Fanfarlo möchte gern, daß ihr Geliebter Mitglied des Instituts würde, und sie arbeitet unter der Hand im Ministerium, daß er das Kreuz der Ehrenlegion erhält.

Armer Sänger der *Fischadler!* Arme Manuela de Monteverde! – Er ist tief gesunken. – Kürzlich erfuhr ich, daß er eine sozialistische Zeitung begründet hätte und sich der Politik widmen wolle. – Eine unredliche Intelligenz! – wie der redliche Nisard zu sagen pflegt.

Le spleen de Paris

Der Spleen von Paris

1869

An Arsène Houssaye

Lieber Freund!

Ich schicke Ihnen hier eine kleine Arbeit, von der man, ohne ihr Unrecht zu tun, nicht sagen könnte, daß sie weder Kopf noch Schwanz hat, da, im Gegenteil, alles in ihr Kopf und Schwanz zugleich ist, abwechselnd und gegenseitig vertauschbar. Erwägen Sie, bitte, was für bewundernswerte Bequemlichkeiten diese Verbindung uns allen bietet, Ihnen, mir und dem Leser. Wir können abbrechen, wo wir wollen, ich meine Träumerei, Sie das Manuskript, der Leser seine Lektüre; denn ich halte seinen widerspenstigen Willen nicht an dem endlosen Faden einer überflüssigen Verwicklung fest. Nehmen Sie einen Wirbelknochen weg, und die beiden Glieder dieses launisch gewundenen Gebildes fügen sich mühelos wieder zusammen. Zerhacken Sie es in zahlreiche kleine Teile, und Sie werden sehen, daß jeder für sich bestehen kann. In der Hoffnung, daß einige von diesen Stücken lebendig genug sind, um Ihnen zu gefallen und Sie angenehm zu unterhalten, wage ich es, Ihnen die ganze Schlange zu widmen.

Ich muß Ihnen ein kleines Bekenntnis ablegen. Nämlich, während ich, zum zwanzigsten Mal mindestens, in dem berühmten GASPARD de la NUIT von Aloysius Bertrand blätterte (ein Buch, das Sie, ich und einige unserer Freunde kennen, darf das nicht mit vollem Recht *berühmt* genannt werden?) – ist mir der Gedanke gekommen, etwas ähnliches zu versuchen und auf die Beschreibung des modernen Lebens, oder vielmehr *einer* Seite des modernen und mehr mit dem Gedanken ergriffenen Lebens, das Verfahren anzuwenden, das er auf die Darstellung des so seltsam malerischen Lebens der Vergangenheit angewendet hatte.

Wen gibt es unter uns, der nicht, in seinen ehrgeizigen Stunden, von dem Wunder einer poetischen Prosa geträumt hat, die musikalisch wäre ohne Rhythmus und ohne Reim, biegsam und eigenwillig genug, um sich den lyrischen Regungen der Seele, den Wellenbewegungen der Träumerei, den Erschütterungen des Bewußtseins anzupassen?

Es ist hauptsächlich das Leben in den Riesenstädten, das Durcheinander ihrer zahllosen Beziehungen, das dieses quälende Ideal erstehen läßt. Sie selbst, lieber Freund, haben Sie nicht versucht, in einem *Lied* den schrillen Ruf des *Glasers* wiederzugeben und in lyrischer Prosa all die trostlosen Eingebungen auszudrücken, die dieser Schrei, bis hinauf in die Dachstuben, durch den Dunst hoch über den Straßen schickt?

Doch, um die Wahrheit zu sagen, ich fürchte, daß mein Wetteifer mir kein Glück gebracht hat. Kaum nämlich hatte ich meine Arbeit begonnen, so bemerkte ich nicht nur, daß ich sehr weit hinter meinem geheimnisvollen und glänzenden Vorbild zurückblieb, sondern auch, daß ich da etwas (wenn so etwas überhaupt *Etwas* genannt werden kann) merkwürdig Verschiedenes zustande brächte, ein Unglück, auf das jeder andere als ich sicher sehr stolz wäre, das aber einen Geist aufs Tiefste demütigen muß, der es als größten Ehrentitel des Dichters betrachtet, *gerade* das zu vollbringen, was zu tun er sich vorgesetzt hat.

Ihr sehr ergebener
C. B.

Wen liebst du am meisten, rätselhafter Mann, sag? Deinen Vater, deine Mutter, deine Schwester oder deinen Bruder?

– Ich habe weder Vater, noch Mutter, noch Schwester, noch Bruder.

– Deine Freunde?

– Sie gebrauchen da ein Wort, dessen Sinn mir bis zum heutigen Tage unbekannt geblieben ist.

– Dein Vaterland?

– Ich weiß nicht, unter welchem Breitengrad es liegt.

– Die Schönheit?

– Gern möchte ich sie lieben, sie, Göttin und unsterblich.

– Das Gold?

– Ich hasse es, wie Sie Gott hassen.

– Ei! Was liebst du denn, seltsamer Fremdling?

– Ich liebe die Wolken . . . die Wolken, die vorüberziehen dort . . . dort . . . die wunderbaren Wolken!

Das verhutzelte alte Mütterchen kam sich ganz glücklich vor, als sie das hübsche Kind erblickte, mit dem jedermann schön tat, dem alle Leute gefallen wollten; dies hübsche Wesen, das so gebrechlich war, wie sie selbst, das alte Mütterchen, und, ganz wie sie, keine Zähne und keine Haare hatte.

Und es ging ganz nah zu ihm heran, um es anzulächeln und ihm ein freundliches Gesicht zu machen.

Aber das Kind erschrak und wehrte sich unter den Liebkosungen des guten verschrumpelten Weibchens und erfüllte das Haus mit seinem Gekreisch.

Da verkroch sich das gute, alte Mütterchen in seine ewige Einsamkeit, weinte in einem Winkel und sprach zu sich: Ach! Für uns unglückliche alte Weiber ist die Zeit vorbei, wir können niemandem mehr gefallen, nicht einmal mehr den Unschuldigen, und wir sind den kleinen Kindern, die wir lieben möchten, ein Greuel.

Wie ergreifend sind doch die letzten Stunden herbstlicher Tage! Ach! Ergreifend bis zum Schmerz! Denn es gibt köstliche Stimmungen, deren Unfaßbarkeit eine tiefe Empfindung nicht ausschließt; und es gibt keinen schärferen Stachel als den des Unendlichen.

Welch hohes Entzücken, sein Auge in die Unermeßlichkeit des Himmels und des Meeres zu tauchen! Einsamkeit, Schweigen, unvergleichliche Keuschheit der Himmelsbläue! Ein kleines Segel, das am Horizont erschauert und in seiner Winzigkeit und Vereinsamung meinem unheilbaren Dasein gleicht, eintönige Melodie der Dünung, alle diese Dinge denken durch mich, oder ich denke durch sie (denn in der Erhabenheit der Träumerei verliert sich bald das *Ich!*); sie denken, sage ich, aber auf musikalische und malerische Weise, ohne Spitzfindigkeiten, ohne Klügeleien, ohne logische Schlußfolgerungen.

Immerhin, diese Gedanken, ob sie nun aus mir selbst kommen oder den Dingen entströmen, werden bald allzu mächtig. Die Gewalt im wollüstigen Gefühl schafft Unbehagen und wahrhafte Qual. Meine allzu angespannten Nerven zittern nur noch in schrillen und schmerzlichen Schwingungen.

Und jetzt raubt die Tiefe des Himmels mir die Fassung, seine durchsichtige Klarheit bringt mich zur

Verzweiflung. Die Gefühllosigkeit des Meeres, dies unwandelbare Schauspiel empören mich ... Ach! Muß ich ewig leiden oder ewig das Schöne fliehen? Natur, mitleidlose Zauberin, immer siegreiche Nebenbuhlerin, laß mich in Ruhe! Hör auf, meine Sehnsucht und meinen Stolz zu versuchen! Die Erforschung des Schönen ist ein Zweikampf, in dem der Künstler vor Schrecken schreit, bevor er unterliegt.

IV. EIN SPASSVOGEL

Das neue Jahr war aufgeplatzt. Trübe Mischung von Schlamm und Schnee, in der tausend Kutschen herumfuhren, glänzend von Spielzeug und Zuckerwerk, wimmelnd von Gier und Verzweiflung; behördlich erlaubter Fiebertaumel der Großstadt, angetan das Gehirn des robusten Einsiedlers zu verstören.

Mitten durch diesen Wirrwarr und Lärm kam lebhaften Ganges ein Esel getrottet, gequält von einem peitschenbewaffneten Tölpel.

Als der Esel um eine Straßenecke biegen wollte, verbeugte sich ein feingekleideter Herr, in Handschuhen, Lackstiefeln, peinlich hohem Kragen und in einem funkelnagelneuen Anzug eingeschnürt, feierlich vor dem kläglichen Tier und zog den Hut vor ihm ab mit den Worten: »Ich wünsche Ihnen ein glückliches neues Jahr!« Dann drehte er sich mit geckenhafter Miene zu irgend welchen Kameraden um, als ob er sie bitten wollte, seinem billigen Vergnügen ihre Zustimmung zu geben.

Der Esel sah diesen edlen Spaßvogel nicht und lief eifrig weiter, wohin seine Pflicht ihn rief.

Mich aber ergriff plötzlich eine maßlose Wut gegen diesen kostbaren Dummkopf, der mir in seiner Person alles zu vereinigen schien, was Frankreich an Geist besitzt.

v. Das Zimmer mit dem Doppelgesicht

Ein Zimmer, das einer Träumerei gleicht, ein wahrhaft *vergeistigtes* Zimmer, in dessen stickiger Luft feine Töne von Rosa und Blau schweben.

Die Seele nimmt darin ein Bad von Trägheit, durchduftet von Trauer und Sehnsucht. – Etwas Dämmerhaftes, Bläuliches, und Rötliches west da; ein Traum von Wollust zur Zeit einer Sonnenverfinsterung.

Die Möbel haben langgezogene, hingesunkene, erschlaffte Formen. Die Möbel sehen aus, als ob sie träumten; man könnte meinen, sie wären mit schlafwandlerischem Leben begabt, wie die Pflanze und das Gestein. Die Stoffe sprechen eine stumme Sprache, wie die Blumen, wie der Himmel, wie die sinkenden Sonnen.

An den Wänden keine künstlerische Scheußlichkeit. Verglichen mit dem reinen Traum, mit dem nicht zergliederten Eindruck, ist das abgeschlossene Kunstwerk, die Tatsache gewordene Kunst Lästerung. Hier liegt alles in der genügenden Helle und in dem entzückenden Dunkel des schönen Zusammenklangs.

Ein unendlich flüchtiger Hauch erlesenster Düfte, in den sich eine ganz leichte Feuchtigkeit mischt, schwimmt in dieser Luft, wo der schläfrige Geist sich von Treibhausstimmungen wiegen läßt.

Musselin regnet in Fülle vor den Fenstern und vor dem Bett; ergießt sich in schneeigen Kaskaden. Auf dem Bett liegt das Götterbild, die Herrin der Träume. Aber wie findet sie sich hier? Wer hat sie hierher gebracht? Welche magische Macht hat sie auf diesen Thron von Träumen und Wollust geführt? Was liegt daran? Sie ist da! Ich erkenne sie.

Ja, das sind diese Augen, deren Flamme durch die Dämmerung dringt; diese schlauen und furchtbaren *Spiegel*, die ich an ihrer erschreckenden Arglist erkenne! Sie locken, sie unterjochen, sie verschlingen die Augen des Toren, der sie betrachtet. Ich habe mich oft in sie versenkt, in diese schwarzen Sterne, die zu Neugier und Bewunderung zwingen.

Welch freundlichem Dämon verdanke ich, daß ich so von Geheimnis, Schweigen, Friede und Düften umgeben bin? O Glückseligkeit! Was wir gemeinhin Leben nennen, selbst wenn es noch so viel Glück ausströmt, hat nichts mit jenem höchsten Leben gemeinsam, von dem ich jetzt weiß, und das ich Minute für Minute, Sekunde für Sekunde mit allen Sinnen genieße!

Nein! Es gibt keine Minuten mehr, es gibt keine Sekunden mehr! Die Zeit ist verschwunden; die Ewigkeit herrscht, eine Ewigkeit von Entzückungen!

Aber ein furchtbarer, schwerer Schlag dröhnte an der Tür, und es war mir, wie in den höllischen Träumen, als ob der Hieb einer Axt mich in den Leib träfe.

Und dann erschien ein Gespenst. Ein Gerichtsvollzieher, der kommt, um mich im Namen des Gesetzes zu martern; eine schamlose Dirne, die ein Jammergeschrei erhebt und die Erbärmlichkeiten ihres Leben mit den Schmerzen des meinigen vermengt; oder gar der Laufbursche eines Zeitungsdirektors, der die Fortsetzung eines Manuskriptes haben will.

Das paradiesische Zimmer, das Götterbild, die Herrin der Träume, die *Sylphide,* wie der große René sagte, diese ganze magische Welt ist verschwunden unter dem rohen Faustschlag des Gespenstes.

Entsetzlich! Jetzt erinnere ich mich! Jetzt erinnere ich mich! Ja! Dieses Loch, diese Stätte der ewigen Öde, ist wirklich meine Wohnung. Das da sind die albernen, verstaubten, abgestoßenen Möbel: der Kamin ohne Flamme und ohne Glut, von Spucke beschmutzt; die traurigen Fenster, auf denen der Regen seine Spuren in den Staub gezeichnet hat; die Manuskripte, durchstrichen oder unfertig; der Kalender, in dem der Bleistift die bösen Tage vermerkt hat.

Und dieser Duft einer anderen Welt, an dem sich mein höchst verfeinertes Empfindungsvermögen berauschte, ach! er ist verdrängt worden von üblem Tabaksgestank, der sich mit merkwürdig widerlichem, schimmeligem Geruch vermischt. Jetzt atmet man hier den ranzigen Dunst der Trostlosigkeit ein.

In dieser engen, aber so mit Ekel gefüllten Welt lächelt mir ein einziger bekannter Gegenstand zu: Das Fläschchen mit Opiumsaft; eine alte und schreckliche Freundin; wie alle Freundinnen, ach! trächtig von Zärtlichkeiten und Verrat.

Weh! Ja! Die Zeit ist wieder erschienen; die Zeit herrscht wieder als Gebieterin, und mit der scheußlichen Alten ist zurückgekehrt ihr ganzes dämonisches Gefolge von Erinnerungen, Bekümmernissen, Krämpfen, Befürchtungen, Ängsten, Schreckbildern, Zornausbrüchen und Nervenanfällen.

Ich versichere Euch, daß die Sekunden jetzt mit starkem und feierlichem Ton schlagen, und jede, wie sie aus der Uhr herausspringt, ruft aus: »Ich bin das Leben, das unerträgliche, erbarmungslose Leben!«

Es gibt nur eine einzige Sekunde im menschlichen Leben, die den Auftrag hat, eine gute Botschaft auszurichten, die gute *Botschaft,* die jedem unerklärliche Furcht einflößt.

Ja! Die Zeit herrscht; sie übt ihre rohe Gewaltherrschaft wieder aus. Und sie stößt mich, als ob ich ein Ochse wäre, mit ihrem Doppelstachel vorwärts. – He! Vorwärts! Alter Esel! Schwitz nur, Sklave! Leb doch, Verdammter!

Unter einem weiten grauen Himmel, in einer weiten staubigen Ebene, ohne Wege, ohne Gras, ohne eine Distel, ohne eine Nessel, begegnete ich einigen Männern, die gebückt dahingingen.

Jeder von ihnen trug auf seinem Rücken eine ungeheure Chimäre, die so schwer war wie ein Sack Mehl oder Kohlen oder das Gepäck eines römischen Fußsoldaten.

Aber das scheußliche Tier war nicht eine leblose Last; im Gegenteil, es umklammerte und drückte den Mann mit seinen biegsamen und mächtigen Muskeln zu Boden; es krallte sich mit seinen beiden gewaltigen Klauen in die Brust seines Tragtiers ein, und sein fabelhafter Kopf ragte über die Stirn des Mannes hinaus, wie einer jener fürchterlichen Helme, mit denen die Krieger der Vorzeit den Schrecken des Feindes noch zu vermehren hofften.

Ich machte mich an einen der Männer heran und fragte ihn, wohin sie gingen. Er antwortete mir, daß er nichts darüber wüßte, weder er noch die anderen; daß sie aber ganz offenbar irgendwohin gingen, da sie von einem unbezwinglichen Bedürfnis getrieben würden vorwärts zu gehen.

Eine merkwürdige Feststellung: Auf dem Gesicht keines dieser Wanderer zeigte sich Empörung über dieses an seinem Halse hängende und auf seinem

Rücken klebende gräßliche Tier; es war, als ob er es für ein Stück von sich selbst hielt. Alle diese ermüdeten und ernsten Gesichter zeigten keinerlei Verzweiflung; unter der griesgrämigen Wölbung des Himmels, die Füße schleppend im Staub eines Bodens, der ebenso trostlos war wie dieser Himmel, zogen sie dahin mit dem entsagenden Ausdruck von Menschen, die dazu verurteilt sind, immerwährend zu hoffen.

Und der Zug ging an mir vorüber und versank im Dunst des Horizonts, da, wo die Rundung des Planeten sich der Neugier des Menschenauges entzieht.

Und ein paar Augenblicke lang mühte mein Wille sich hartnäckig ab, das Geheimnis zu begreifen; aber bald senkte sich die unwiderstehliche Gleichgültigkeit auf mich nieder, und ich wurde von ihr mit schwererer Last beladen, als sie von ihren drückenden Chimären.

Welch wunderbarer Tag! Der weite Park vergeht unter dem brennenden Auge der Sonne, wie die Jugend unter der Herrschaft der Liebe.

Der Rausch der Dinge im All äußert sich ohne jedes Geräusch; die Gewässer selbst liegen wie im Schlaf. Ganz im Unterschied zu den Festen der Menschen herrscht hier ein Taumel des Schweigens.

Es ist, als ob ein immer stärker werdendes Licht die Dinge mehr und mehr zum Glitzern brächte; als ob die aufgeregten Blumen vor Verlangen glühten durch die Kraft ihrer Farben mit dem Blau des Himmels zu wetteifern, und als ob die Hitze, indem sie die Düfte sichtbar macht, sie gegen das Gestirn aufsteigen ließe, wie Wolken von Rauch.

Doch in diesem Freudenrausch des Alls bemerkte ich ein Wesen in Gram und Qual.

Zu Füßen einer riesigen Venusstatue, einer jener gekünstelten Narren, einer jener freiwilligen Possenreißer, deren Aufgabe es ist, die Könige zum Lachen zu bringen, wenn die Reue oder der Überdruß sie heimsucht, im Putz einer grellen und lächerlichen Gewandung, mit Eselsohren und Schellen auf seiner Kappe, hingekauert gegen den Sockel, hebt tränenvolle Augen zu der unsterblichen Göttin auf.

Und seine Augen sagen: »Ich bin der niedrigste und der einsamste der Menschen, bar jeder Liebe und Freundschaft, und also weit geringer als das unvollkommenste der Geschöpfe. Dennoch bin ich geschaffen, auch ich, um die unsterbliche Schönheit zu begreifen und zu empfinden! Ach! Göttin! erbarme dich meiner Traurigkeit und meines Wahnsinns!«

Aber die unerbittliche Venus betrachtet in der Ferne irgend etwas mit ihren marmornen Augen.

VIII. Der Hund und das Riechfläschchen

Mein schöner Hund, mein braver Hund, mein lieber Wau-wau, komm und schnüffle an diesem herrlichen Wohlgeruch, den ich im besten Parfümladen der Stadt gekauft habe.

Und der Hund, mit dem Schwanze wedelnd, was, wie ich glaube, bei diesen armen Wesen das Zeichen ist, das unserem Lachen und Lächeln entspricht, kommt näher und hält neugierig seine feuchte Nase über das entkorkte Fläschchen; dann, plötzlich, erschreckt zurückweichend, bellt er mich an; seine Art mich zu tadeln.

»– Ah! Erbärmlicher Hund, wenn ich dir einen

Haufen Kot angeboten hätte, dann würdest du ihn mit Entzücken beriechen und vielleicht verschlingen. So gleichst also selbst du, unwürdiger Gefährte meines traurigen Daseins, den Leuten, denen man niemals zarte Düfte darbieten darf, die sie aus der Fassung bringen, sondern nur ausgesuchten Unflat.«

IX. DER SCHLECHTE GLASER

Es gibt rein beschauliche und zur Tat gänzlich ungeeignete Naturen, die indessen, unter einem geheimnisvollen und unbekannten Antrieb, manchmal mit einer Schnelligkeit handeln, deren sie sich selbst für unfähig gehalten hätten.

Leute zum Beispiel, die aus Furcht, bei ihrem Hausmeister eine ärgerliche Nachricht zu finden, eine ganze Stunde lang vor ihrer Haustüre herumschleichen, ohne den Mut zu finden einzutreten, andere, die einen Brief vierzehn Tage lang aufbewahren, ohne ihn zu öffnen, oder sich erst nach Ablauf von sechs Monaten entschließen, einen Schritt zu unternehmen, der schon seit einem Jahr notwendig gewesen wäre; solche Leute fühlen sich manchmal plötzlich von einer unwiderstehlichen Macht zur Tat getrieben, wie der Pfeil eines Bogens. Der Seelenforscher und der Arzt, die doch alles zu wissen behaupten, können nicht erklären, woher diesen trägen und wollüstigen Seelen so unversehens eine so tolle Tatkraft kommt, und wie sie, unfähig, die einfachsten und notwendigsten Dinge zu vollbringen, in einer Minute einen ganz überflüssigen Mut entwickeln, um dann die unsinnigsten und oft sogar die gefährlichsten Handlungen zu begehen.

Einer meiner Freunde, einer der harmlosesten Träumer, der je gelebt hat, legte einmal Feuer an einen Wald, um, so sagte er, festzustellen, ob das Feuer wirklich mit solcher Leichtigkeit um sich griffe, wie man allgemein versichere. Zehnmal hintereinander mißlang der Versuch, aber beim elften Male gelang er nur allzu gut.

Ein anderer ist imstande, sich neben einem Pulverfaß eine Zigarre anzustecken, *um zu sehen, um zu wissen, um das Schicksal zu versuchen,* um sich selbst zu zwingen, einen Beweis von Tatkraft zu geben, um den Spieler vorzustellen, um die Lustgefühle der Angst kennen zu lernen, für nichts, aus Laune, weil er nichts zu tun hat.

Es handelt sich da um eine Art von Tatkraft, die aus der Langeweile und der Träumerei aufspringt; und die Menschen, bei denen sie sich so überraschend offenbart, sind im allgemeinen, wie ich schon sagte, die lässigsten und träumerischsten Geschöpfe.

Ein anderer, der derart scheu ist, daß er die Augen schon vor den Blicken der Menschen niederschlägt, derart scheu, daß er seinen armen Willen mit beiden Händen zusammen nehmen muß, um in ein Café einzutreten, oder sich an einer Theaterkasse anzustellen, an der die Aufsichtsbeamten ihm mit der Würde eines Minos, Äakus und Rhadamanthes bekleidet zu sein scheinen, kann ganz plötzlich einem vorübergehenden alten Herrn an den Hals springen und ihm voller Begeisterung vor der erstaunten Menge einen Kuß versetzen.

Warum? Weil ... weil dieses Gesicht ihm so unwiderstehlich anziehend vorkam? Vielleicht; aber man darf wohl mit größerem Recht vermuten, daß er selbst nicht weiß, warum.

Ich bin mehr als einmal das Opfer solcher Störungen und solcher sprunghaften Anwandlungen gewesen, die uns das Recht geben zu glauben, daß arglistige Dämonen sich in uns einschleichen und uns zwingen, ohne unser Wissen, ihren unsinnigsten Willen auszuführen.

Eines Morgens war ich übelgelaunt, traurig, müde vom Nichtstun aufgestanden, in einer Stimmung, so kam es mir vor, als müßte ich irgend etwas Großes, eine Aufsehen erregende Tat vollbringen; und ich öffnete das Fenster, o weh!

(Beachten Sie bitte, der Geist der Schwindelei, der bei einigen Menschen nicht das Ergebnis von Anstrengung oder Berechnung, sondern von zufälliger Eingebung ist, hat in hohem Maße, und wäre es nur im Ungestüm des Verlangens, an jeder Gemütsart teil, die, hysterisch nach Meinung der Ärzte, satanisch nach Meinung derer, die etwas vernünftiger denken als die Ärzte, uns widerstandslos zu einer Menge gefährlicher oder unpassender Handlungen treibt.)

Der erste Mensch, den ich auf der Straße erblickte, war ein Glaser, dessen durchdringender, mißtönender Ruf durch die schwere und schmutzige Pariser Dunstschicht zu mir heraufdrang. Ich könnte nun unmöglich sagen, warum ich von ebenso plötzlichem wie gewalttätigem Haß gegen diesen armen Kerl ergriffen wurde.

»–Heh! Heh!« – Und ich rief ihm zu, heraufzukommen. Dabei überlegte ich, nicht ohne ein Gefühl der Heiterkeit zu empfinden, daß mein Zimmer im sechsten Stock läge und die Treppe sehr eng wäre, daß es daher für den Mann ziemlich schwierig sein dürfte, den Aufstieg zu bewerkstelligen und daß er mit den Ecken seiner zerbrechlichen Ware an manchen Stellen hängen bleiben müßte.

Endlich erschien er: Neugierig prüfte ich alle seine Scheiben und sagte dann zu ihm: – »Wie! Sie haben kein farbiges Glas? Rosiges, rotes, blaues Glas, magische Scheiben, Paradiesscheiben? Unverschämter Kerl, der Sie sind! Sie wagen es, in den Armeleute-Vierteln herumzuspazieren und haben nicht einmal Fensterscheiben, die das Leben in schönem Licht erscheinen lassen!« Und heftig stieß ich ihn auf die Treppe, die er brummend hinunterstolperte.

Ich trat auf den Balkon und griff nach einem kleinen Blumentopf, und als der Mann wieder vor der Haustüre erschien, ließ ich meine Kriegsmaschine senkrecht auf den hinteren Rand seiner Trage fallen, und da der Aufprall ihn umwarf, zerbrach er vollends unter seinem Rücken seine ganze armselige Hausiererware mit so lautem Gekrach, wie wenn ein Kristallpalast vom Blitz zerschmettert worden wäre.

Und berauscht von meinem tollen Beginnen, schrie ich in rasender Wut ihm zu: »Das Leben in Schönheit!«

Solche überreizten Späße sind nicht gefahrlos, und man muß sie oft teuer bezahlen. Aber was bedeutet die Ewigkeit der Verdammnis für denjenigen, der in einer einzigen Sekunde unendliche Wollust gefunden hat?

Endlich! Allein! Man hört nur noch das Rollen einiger verspäteter und todmüder Droschken. Ein paar Stunden lang gehört uns das Schweigen, wenn nicht die Ruhe. Endlich! Die Tyrannei des Menschengesichtes ist verschwunden, und ich werde leiden nur noch durch mich selbst.

Endlich! So darf ich mich denn in einem Bad von Finsternis erholen! Zuerst einmal den Schlüssel zweimal herumgedreht. Ich habe das Gefühl, daß diese Schlüsselumdrehung meine Einsamkeit vermehrt und die Barrikaden verstärkt, die mich schon jetzt von der Welt trennen.

Gräßliches Leben! Gräßliche Stadt! Überblicken wir den Tag: Mehrere Schriftsteller gesehen, von denen einer mich fragte, ob man nach Rußland auf dem Landwege reisen könne (er hielt Rußland offenbar für eine Insel); edelmütig gegen den Herausgeber einer Zeitschrift gestritten, der auf jeden Einwand erwiderte: »– Wir sind hier die Partei der anständigen Leute«, was so viel sagen will, daß alle anderen Zeitungen von Schurken herausgegeben werden; etwa zwanzig Personen gegrüßt, von denen mir fünfzehn unbekannt sind; Händedrücke im gleichen Verhältnis ausgeteilt, wobei ich die Vorsicht außer acht gelassen habe, mir vorher Handschuhe zu kaufen; während eines Regengusses, um die Zeit tot zu schlagen, eine kleine Tänzerin besucht, die mich bat, ihr ein Venustre-Kostüm zu zeichnen; einem Theaterdirektor meine Aufwartung gemacht, der mich mit den Worten verabschiedete: »Sie täten vielleicht gut daran, sich an Z... zu wenden; er ist der schwerfälligste, dümmste und berühmteste von allen Autoren, die für mich arbeiten; vielleicht könnten Sie mit ihm zu einer Vereinbarung kommen. Suchen Sie ihn auf, und wir werden dann weiter sehen«; mich (warum nur?) mehrerer erbärmlicher Handlungen gerühmt, die ich niemals begangen, und ein paar andere Missetaten feige abgeleugnet, die ich mit Vergnügen vollführt habe, Vergehen eitler Prahlerei, Verbrechen der Furcht vor dem Urteil der Welt; einem Freunde einen leichten Dienst verweigert und einem richtigen Halunken eine schriftliche Empfehlung gegeben. Herrgott! ist das nun alles?

Unzufrieden mit aller Welt und unzufrieden mit mir selbst, möchte ich mich gern loskaufen und im Schweigen und in der Einsamkeit der Nacht ein wenig Stolz auf mich zurückgewinnen. Seelen derer, die ich geliebt, Seelen derer, die ich besungen habe, gebt mir Kraft, helft mir, nehmt die Lüge und die verderblichen Dünste der Welt von mir weg; und Du, Herr, mein Gott, schenke mir die Gnade, ein paar schöne Verse zu dichten, die mir selbst den Beweis liefern, daß ich nicht der letzte der Menschen bin, daß ich nicht geringer bin als sie, die ich verachte.

Wahrhaftig, Verehrteste, Sie fallen mir maßlos und erbarmungslos auf die Nerven; man sollte meinen, wenn man Sie so seufzen hört, daß Sie es schlimmer hätten als die sechzigjährigen Ährenleserinnen und die alten Bettlerinnen, die Brotkrusten vor den Wirtshaustüren auflesen.

»Wenn Ihre Seufzer wenigstens Gewissensbisse vernehmen ließen, so möchten sie Ihnen noch ein bißchen Ehre machen; aber sie verraten nur die Übersättigung des Wohlseins und die Ermattung der Ruhe. Und außerdem hören Sie nicht auf, sich in unnützem Wortschwall zu ergießen: ›Seien Sie recht gut zu mir! Ich brauche Ihre Liebe so nötig! Trösten Sie mich hier, liebkosen Sie mich da!‹ Hören Sie, ich will versuchen, Sie zu heilen; vielleicht finden wir das Rezept, für zwei Groschen, mitten auf einem Fest, und ohne weit zu laufen.

»Betrachten Sie, bitte, diesen festen Eisenkäfig, in dem, heulend wie ein Verdammter, die Gitterstäbe wie ein über sein Elend tobender Orang-Utan schüttelnd, bald die kreisenden Sprünge des Tigers, bald das dämliche Getänzel der Eisbären großartig nachahmend, dieses behaarte Ungeheuer herumspringt, dessen Gestalt mit der Ihrigen eine schwache Ähnlichkeit hat.

»Dieses Ungeheuer ist eines jener Geschöpfe, die

man gemeinhin ›mein Engel‹ nennt, nämlich eine Frau. Das andere Ungeheuer, das aus Leibeskräften schreit, mit einem Stock in der Hand, ist ein Ehemann. Er hat seine rechtmäßige Frau in Ketten gelegt, wie ein Tier, und stellt sie in den Vorstädten, während der Jahrmarktstage, zur Schau, mit behördlicher Erlaubnis selbstverständlich.

»Schauen Sie gut hin! Sehen Sie, mit welcher Gefräßigkeit (vielleicht gar nicht geheuchelt!) sie die lebendigen Kaninchen und die piependen Federviecher zerreißt, die ihr Wärter ihr zuwirft. ›Hallo!‹ sagt er, ›es ist nicht erlaubt, seinen ganzen Vorrat an *einem* Tage aufzufressen‹; und, mit diesen weisen Worten, entreißt er ihr grausam die Beute, deren auseinandergewickeltes Gedärm einen Augenblick in den Zähnen des wilden Tieres, will sagen der Frau, stecken bleibt.

»Hallo! Einen ordentlichen Stockhieb! das wird sie beruhigen; denn sie wirft Blicke, schrecklich vor Gier, auf die ihr entrissene Nahrung. Großer Gott! Der Stock ist keine Theaterpeitsche; haben Sie gehört, wie die Haut widerhallt, trotz der falschen Behaarung? Darum treten ihr auch jetzt die Augen aus den Höhlen, sie heult *natürlicher*. In ihrer Wut sprüht sie Funken am ganzen Körper, wie Eisen, das man schlägt.

»Das sind so die ehelichen Sitten dieser beiden Abkömmlinge Adams und Evas, dieser Geschöpfe von deiner Hand, o mein Gott! Diese Frau ist unbestreitbar unglücklich, obwohl ihr vielleicht die prickelnden Freuden des Ruhms nicht unbekannt sind. Man kennt Fälle von Unglück, die unheilbarer sind und für die es keinen Ausgleich gibt. Aber in der Welt, in die hinein sie geworfen wurde, hat sie niemals glauben können, daß das Weib ein anderes Schicksal verdiente.

»Jetzt zu uns beiden, kostbare Schöne! Wenn ich so die Höllen sehe, von denen die Erde voll ist, was wollen Sie, daß ich von Ihrer hübschen Hölle denken soll, von Ihnen, die Sie nur auf Stoffen ausruhen, die ebenso weich sind wie Ihre Haut, die Sie nur gekochtes Fleisch essen, und für die ein geschickter Diener die Stücke sorgfältig zurechtschneidet?

»Und was können mir schon alle diese Seufzerchen ausmachen, die Ihren duftenden Busen schwellen lassen, handfeste Kokotte? Und alle diese in den Büchern gelernten Zierereien und diese nimmermüde Schwermut, die Sie zeigen, die aber dem Beschauer ein ganz anderes Gefühl einflößt als Mitleid? Wahrhaftig, manchmal packt mich die Lust, Ihnen beizubringen, was wirkliches Unglück ist.

»Wenn man Sie so sieht, empfindsame Schöne, die Füße im Schlamm und die Augen schmachtend gen Himmel gedreht, als ob Sie ihn um einen König bitten wollten, dann möchte man Sie fast für eine junge Fröschin halten, die das Ideal anriefe. Wenn

Sie den winzigen Wicht verachten (der ich jetzt bin, wie Sie sehr wohl wissen), dann hüten Sie sich nur vor dem Kranich, *der Sie aufknabbern und hinunterschlucken und Ihnen mit Vergnügen den Garaus machen wird!*

»So sehr ich auch Poet bin, ich bin doch nicht so einfältig, wie Sie glauben möchten, und wenn Sie mir allzu oft mit Ihrem weinerlichen, *gezierten* Getue auf die Nerven fallen, werde ich Sie als *wildes Weib* behandeln oder Sie aus dem Fenster werfen wie eine leere Flasche.«

XII. Die Menge

Es ist nicht jedem gegeben, im Meer der großen Masse ein Bad zu nehmen: Sich der Menge genießend zu erfreuen, ist eine Kunst; und der allein kann, auf Kosten der Menschheit, in Lebenskraft schwelgen, dem eine Fee, in seiner Wiege, die Lust zur Verkleidung und zur Maske, den Haß des Zuhause und die Leidenschaft des Reisens eingeblasen hat.

Masse, Einsamkeit: gleichwertige Ausdrücke, die

der tätige und fruchtbare Dichter miteinander vertauschen kann. Wer seine Einsamkeit nicht zu bevölkern versteht, versteht auch nicht allein zu sein in einer geschäftigen Menge.

Der Dichter genießt das unvergleichliche Vorrecht, nach seinem Belieben er selbst und ein anderer sein zu können. Wie jene irrenden Seelen, die sich einen Körper suchen, geht er, wenn er nur will, in das Wesen jedes Menschen ein. Ihm allein steht alles offen; und wenn manche Plätze ihm verschlossen zu sein scheinen, so nur deshalb, weil sie ihm einen Besuch nicht zu lohnen scheinen.

Der einsame und nachdenkliche Wanderer schöpft einen einzigartigen Rausch aus solcher Verbundenheit mit dem Allgemeinen. Der Mensch, der leicht in der Menge aufgeht, kennt Fieberschauer von Genüssen, um die der selbstsüchtige Ichmensch, verschlossen wie ein Schrein, und der Träge, eingekapselt wie ein Muscheltier, ewig betrogen sind. Er macht sich alle Berufe, als wären es die seinigen, zu eigen, alle Freuden und alles Elend; wie die Umstände es ihm bieten.

Das, was die Menschen Liebe nennen, ist sehr gering, sehr beschränkt und sehr schwach, verglichen mit jenem unsagbaren Rausch, jener heiligen Preisgabe der Seele, die sich ganz und ungeteilt, als Dichtung und barmherzige Liebe, dem Unverhofften, das sich darbietet, dem Unbekannten, das vorübergeht, verschenkt.

Es ist gut, den Glücklichen dieser Welt von Zeit zu Zeit beizubringen, und wäre es nur, um ihren albernen Stolz für einen Augenblick zu erniedrigen, daß es Glückserfahrungen gibt, die höher sind als die ihrigen, unermeßlicher, und verfeinerter. Die Begründer von Kolonien, die Hirten der Völker, die Missionsprediger in ihrer Verbannung am anderen Ende der Welt, sie wissen zweifellos etwas von diesen geheimnisvollen Trunkenheiten, und mitten im Schoß der unermeßlichen Familie, die ihre Geisteskraft ihnen geschaffen hat, lachen sie wohl manchmal derer, die sie beklagen wegen ihres so unruhig bewegten Geschicks und wegen ihres so keuschen Lebens.

XIII. Die Witwen

Vauvenargues sagt einmal, daß es in den öffentlichen Gärten Laubgänge gibt, die hauptsächlich von dem enttäuschten Ehrgeiz aufgesucht werden, von den unglücklichen Erfindern, vom gescheiterten Ruhm, von den gebrochenen Herzen, von all jenen stürmischen und in sich verschlossenen Seelen, in denen noch die letzten Seufzer eines Gewitters grollen und die weit zurückweichen vor den unverschämten Blicken der fröhlichen und müßigen Menschen. In diesen schattigen Winkeln geben sich die Krüppel des Lebens ihr Stelldichein.

Gerade zu diesen Stätten lenken der Dichter und der Philosoph gern ihr lüsternes Vermuten. Dort liegt eine sichere Weide. Denn, wenn es einen Platz gibt, den zu besuchen sie verschmähen, wie ich soeben zu verstehen gab, so ist es vor allem der, an dem sich die Freude der Reichen äußert. Dieser lärmende Tanz im Leeren hat nichts Anziehendes für sie. Im Gegenteil, sie fühlen sich unwiderstehlich zu allem, was schwach, zerstört, bekümmert, verwaist ist, hingezogen. Ein erfahrenes Auge täuscht sich da niemals. In jenen starren oder müden Zügen, in jenen hohlen und matten, oder von den letzten Blitzen des Kampfes glänzenden Augen, in jenen tiefen und zahlreichen Runzeln, in diesem so langsamen oder ruckartigen Gang enträtselt er sogleich die unzähligen Legenden der getäuschten Liebe, der verkannten Aufopferung, der unbelohnten Bemühungen, des Hungers und der Kälte, die demütig, schweigend ertragen werden. Habt Ihr manchmal auf diesen einsamen Bänken Witwen bemerkt, arme Witwen? Ob sie Trauer tragen oder nicht, sie sind leicht zu erkennen. Übrigens ist in der Trauerkleidung des Armen immer etwas, das fehlt, ein Mangel an Ausgeglichenheit, der sie um so herzzerreißender macht. Der Arme ist gezwungen, mit seinem Schmerz zu geizen. Der Reiche trägt den seinigen von oben bis unten.

Welche Witwe ist am traurigsten und erweckt in uns die traurigsten Empfindungen, die, welche einen kleinen Jungen an der Hand schleppt, mit dem sie ihre Träumerei nicht teilen kann, oder die, welche ganz allein ist? Ich weiß es nicht ... Es ist mir einmal vorgekommen, daß ich stundenlang einer solchen alten bekümmerten Frau nachgegangen bin; in ihrer starren Haltung, aufrecht, unter einem kurzen verschlissenen Umhang, trug sie in ihrem ganzen Wesen den Stolz einer Stoikerin zur Schau.

Sie war augenscheinlich, weil sie in völliger Einsamkeit lebte, zu den Gewohnheiten eines alten Hagestolzes verurteilt, und die männliche Art ihrer Lebensweise verlieh ihrem strengen Ernst einen geheimnisvollen Reiz mehr. Ich weiß nicht, in welchem elenden Kaffeehaus und womit sie ihr Frühstück einnahm. Ich ging ihr ins Lesekabinett nach und schaute ihr lange zu, während sie mit lebhaften, einst von Tränen verbrannten Augen in den Zeitungen nach Neuigkeiten suchte, die für sie eine starke persönliche Wichtigkeit haben mußten.

Zuletzt, am Nachmittag, unter einem zauberhaft herbstlichen Himmel, einem jener Himmel, aus denen die Sehnsüchte und Erinnerungen in Menge herabsteigen, setzte sie sich in einen Garten, an abgelegener Stelle, weit weg von der Menge, nieder, um einem jener Konzerte zu lauschen, mit denen die Militärmusik das Volk von Paris beschenkt. Das ist zweifellos die kleine Ausschweifung dieser unschuldigen Alten (oder dieser geläuterten alten Frau), der wohlverdiente Trost für einen jener schweren Tage, ohne Freund, ohne ein Gespräch, ohne Freude, ohne eine vertraute Seele, Trost, den Gott auf sie niederfallen ließ, seit vielen Jahren vielleicht! Dreihundertfünfundsechzig Tage, Jahr für Jahr.

Eine andere noch: Ich kann es mir nie verwehren, einen Blick, wenn nicht gerade allgemeinen Mitgefühls, so doch wenigstens voll Neugierde auf die Menge der Ausgestoßenen zu werfen, die sich um die Umzäunung eines öffentlichen Konzerts drängen. Das Orchester wirft festliche, triumphale Gesänge durch die Nacht. Die Kleider schleppen schillernd am Boden, die Blicke kreuzen sich, die Müßiggänger, müde vom Nichtstun, schlendern hin und her, als ob sie mit lässigem Behagen die Musik genössen. Hier gibt es nur Reiche, Glückliche; nichts, das nicht die Sorglosigkeit und das Vergnügen, sich leben zu lassen, ein- und ausatmete; nichts, außer dem Anblick dieses Schwarmes, der sich über die äußere Schranke lehnt, um kostenlos, wie es dem Winde gefällt, einen Fetzen von Musik zu erhaschen

und in den funkelnden Schmelzofen hineinzu-
schauen.

Es ist immer eine wertvolle Erfahrung, diesen
Widerschein der Freude des Reichen tief im Auge
des Armen zu erblicken. An diesem Tage aber, in-
mitten dieses in Kittel und Kattun gekleideten Volkes, fiel mir ein Wesen auf, dessen adlige Erscheinung in auffallendem Gegensatz zu der allgemeinen
Plattheit der Umgebung stand.

Es war eine große, hoheitsvolle Frau, so adlig in
ihrer ganzen Art, daß ich mich nicht erinnere, je ih-
resgleichen in den Sammlungen aristokratischer
Schönheiten der Vergangenheit gesehen zu haben.
Ein Duft hochmütiger Tugend entströmte ihrer ganzen Gestalt. Ihr Gesicht, traurig und abgemagert,
stand in völligem Einklang mit der tiefen Trauer,
die sie trug. Auch sie, wie das gemeine Volk, unter
das sie sich gemischt hatte, ohne es zu sehen, betrachtete mit tiefen Augen die leuchtende Welt und
lauschte der Musik, mit sanftem Wiegen des Hauptes.

Seltsame Erscheinung! »Sicherlich«, dachte ich bei
mir, »diese Armut da, wenn wirklich Armut da ist,
kann sich nicht in filziger Sparsamkeit gefallen; ein
so adliges Antlitz verbürgt mir das. Warum also
bleibt sie freiwillig in einer Umgebung, von der sie
so auffallend absticht?«

Doch als ich neugierig an ihr vorüber ging, glaubte

ich den Grund zu erraten. Die hochgewachsene
Witwe hielt ein Kind an der Hand, wie sie schwarz
gekleidet; so bescheiden auch der Eintrittspreis sein
mochte, dieser Preis genügte vielleicht, um eines der
Bedürfnisse des kleinen Wesens, besser noch, etwas
Überflüssiges, ein Spielzeug, zu bezahlen.

Und sie ist dann wohl zu Fuß nach Hause gegan-
gen, in Gedanken und Träumen verloren, allein, immer allein; denn das Kind ist lärmend, selbstsüchtig,
ohne Sanftheit und Geduld; und es kann nicht einmal, wie das unschuldige Tier, wie der Hund und
die Katze, zum Vertrauten der einsamen Schmerzen
dienen.

XIV. Der alte Possenreisser

Überall erging sich, tummelte sich, erlustigte sich
das Volk in Feiertagsstimmung. Es war die Zeit
eines jener Feste, mit denen, seit altersher, die Possenreißer, die Zauberkünstler, die Tierbändiger und
die Besitzer der Wanderbuden rechnen, um die
schlechten Zeiten des Jahres auszugleichen.

An solchen Tagen, glaube ich, vergißt das Volk alles, den Schmerz und die Arbeit; es wird wie die Kinder. Für die Kleinen ist es ein Feiertag, das Grauen der Schule vierundzwanzig Stunden lang aufgeschoben. Für die Erwachsenen ist es ein mit den bösen Mächten des Lebens abgeschlossener Waffenstillstand, ein Aufatmen in der Anspannung und im ewigen Lebenskampfe. Selbst der Weltmann und der Mann der geistigen Arbeit können sich dem Einfluß dieses Volksjubels nur schwer entziehen. Sie saugen, ohne es zu wollen, ihr Teil aus diesem Dunstkreis von Sorglosigkeit in sich ein. Ich wenigstens, als echter Pariser, verfehle niemals all die Buden, die sich in diesen festlichen Tagen so stolz zur Schau stellen, in Augenschein zu nehmen.

Sie trieben, wahrlich, einen tollen Wettkampf miteinander, sie kreischten, brüllten, heulten. Es herrschte ein Durcheinander von Geschrei, von Getöse der Blechinstrumente und dem Platzen von Feuerwerkraketen. Die Clowns und die dummen Auguste schnitten Grimassen mit ihren gebräunten, von Wind, Regen und Sonne verschrumpften Gesichtern; sie verzapften mit der Dreistigkeit der ihrer Wirkung sicheren Komödianten ihre Witze und Späße von einer in Molières Art festen und derben Komik.

Die Herkulesse, stolz auf die ungeheure Kraft ihrer Muskeln, ohne Stirn und Schädel wie die

Orang-Utans, stolzierten mit erhabenen Schritten in ihren tags zuvor für die Gelegenheit gewaschenen Tricots einher. Die Tänzerinnen, schön wie Feen oder Prinzessinnen, sprangen und hüpften im Licht der Laternen, die ihre Röcke von Funken sprühen ließen.

Alles war eitel Licht, Staub, Geschrei, Freude und Getümmel; die einen gaben aus, die anderen nahmen ein, die einen wie die anderen gleichermaßen vergnügt. Die Kinder hängten sich an die Röcke ihrer Mütter, um eine Zuckerstange zu ergattern, oder stiegen auf Vaters Schultern, um einen Taschenspieler, blendend schön wie ein Gott, besser sehen zu können. Und überall in der Luft schwebte, stärker als alle anderen Düfte, ein Geruch von Schmalzgebackenem, wie der Weihrauch dieses Festes.

Am Ende, am äußersten Ende der Budenreihe, als ob er sich, voller Scham, selbst aus diesem Glanze verbannt hätte, sah ich einen armen Possenreißer, buckelig, hinfällig, gebrechlich, nur noch ein Wrack, mit dem Rücken gegen einen der Pfosten seiner Hütte gelehnt, einer Hütte, erbärmlicher als die des vertiertesten Wilden, deren Armseligkeit zwei Kerzenstümpfe, tröpfelnd und schwelend, noch allzu hell beleuchteten.

Überall Freude, guter Verdienst, Prasserei, überall die Gewißheit des Brotes für morgen, überall der tobende Ausbruch der Lebenskraft. Hier das völlige

Elend, das Elend, aufgetakelt, als Gipfel des Grauens, mit komischen Lumpen, in welche die Not, viel mehr als die Kunst, bunte Gegensätze hineingeflickt hatte. Er lachte nicht, der armselige Kerl. Er weinte nicht, er tanzte nicht, er fuchtelte nicht mit den Händen, er schrie nicht; er sang kein Lied, kein lustiges und kein klägliches, er flehte niemanden um Mitleid an. Er war stumm und unbeweglich. Er hatte entsagt, er hatte abgedankt. Sein Schicksal war besiegelt.

Aber welch tiefen, unvergeßlichen Blick ließ er über die Menge und über die Lichter schweifen, deren bewegliche Flut ein paar Schritte vor seinem abstoßenden Elend zum Stillstand kam! Ich fühlte wie meine Kehle von der schrecklichen Hand der Hysterie zusammengeschnürt wurde, und es war mir, als ob meine Blicke von jenen widerspenstigen Tränen verdunkelt waren, die nicht fallen wollen.

Was tun? Wozu den Unglücklichen fragen, welche Merkwürdigkeit, welches Wunder er in dieser stinkenden Finsternis, hinter seinem zerfetzten Vorhang, zu zeigen hätte? Um die Wahrheit zu sagen, ich wagte es nicht. Und, auf die Gefahr hin, daß meine Schüchternheit euer Lachen erregen sollte, ich muß gestehen, daß ich fürchtete, ihn zu erniedrigen.

Schließlich war ich gerade zu dem Entschluß gekommen, im Vorübergehen ein paar Geldstücke auf eins seiner Bretter zu legen, in der Hoffnung, daß er meine Absicht erraten würde, als ein großes, durch irgend eine Ursache hervorgerufenes Gedränge mich weit von ihm fortriß.

Und als ich mich, von dieser Vision besessen, umdrehte, suchte ich mir über meinen plötzlichen Schmerz Rechenschaft zu geben und sprach zu mir: Ich habe eben das Bild des alten Schriftstellers gesehen, der sein Zeitalter, dessen glänzender Unterhalter er war, überlebt hat; das Bild des alten Dichters, ohne Freunde, ohne Familie, ohne Kinder, erniedrigt durch sein Elend und durch die Undankbarkeit des Volkes, und in dessen Bude die vergeßliche Welt nicht mehr eintreten will.

XV. DER KUCHEN

Ich war auf Reisen. Die Landschaft um mich herum war unwiderstehlich in ihrer Größe und edlen Schönheit. Etwas von ihr ging in diesem Augenblick sicher in meine Seele über. Meine Gedanken flogen leicht wie die Luft hin und her; die gewöhnlichen

Leidenschaften, wie der Haß und die Alltagsliebe, kamen mir jetzt ebenso weit entfernt vor wie die Wolken, die in der Tiefe der Abgründe unter meinen Füßen vorüberzogen; meine Seele erschien mir ebenso unermeßlich und rein wie die Wölbung des Himmels, von der ich umschlossen war; die Erinnerung an die irdischen Dinge drang nur schwach und abgetönt zu meinem Herzen, wie der Ton der Glöckchen der unsichtbaren Kuhherde, die weit, sehr weit auf dem Hang eines anderen Berges weidete. Über den kleinen unbeweglichen See, schwarz von seiner unendlichen Tiefe, lief manchmal der Schatten einer Wolke, wie der Widerschein des Mantels eines durch den Himmel fliegenden Riesen der Luft. Und ich erinnere mich, daß diese feierliche und ungewöhnliche Stimmung, hervorgerufen durch die große Bewegung tiefen Schweigens, mich mit einer Freude erfüllte, in die sich ein Gefühl von Furcht mischte. Kurz, ich fühlte mich, dank der entzückenden Schönheit, von der ich umgeben war, in völligem Frieden mit mir selbst und dem All; – ich glaube sogar, daß ich in meiner vollkommenen Glückseligkeit und dem gänzlichen Vergessen alles irdischen Leids dahingekommen war, die Zeitungen nicht mehr so lächerlich zu finden, die behaupteten, daß der Mensch von Natur gut ist, – als der unersättliche Leib sein Recht forderte und ich daran dachte, die Ermüdung zu beseitigen und den Hunger zu stillen, die der lange Aufstieg bewirkt hatte. Ich zog ein dickes Stück Brot aus meiner Tasche, sowie eine Ledertasse und ein Fläschchen mit einer Essenz, die damals die Apotheker den Bergsteigern verkauften, um sie bei Gelegenheit mit Schneewasser zu verdünnen.

Ich schnitt in aller Ruhe eine Scheibe Brot ab, als ein ganz leises Geräusch mich veranlaßte, die Augen aufzuheben. Vor mir stand ein kleines, zerlumptes, schwarzes, struppiges Kerlchen, dessen hohle, scheue und gleichsam flehende Augen das Stück Brot gierig verschlangen. Und ich hörte ihn mit leiser, heiserer Stimme das Wort: *Kuchen!* seufzen.

Ich mußte lachen, als ich die Bezeichnung hörte, mit der er mein fast weißes Brot zu nennen geruhte, ich schnitt eine ordentliche Scheibe für ihn ab und bot sie ihm an. Langsam kam er näher, wobei er den Gegenstand seiner Begehrlichkeit nicht aus den Augen ließ; dann schnappte er mit der Hand nach dem Brot und wich eiligst zurück, wie wenn er gefürchtet hätte, daß meine Gabe nicht aufrichtig gemeint wäre, oder daß sie mich schon gereute.

Doch im gleichen Augenblick wurde er von einem anderen kleinen Wildling jählings umgeworfen, der aus irgend einem Loch herausgekommen war und dem ersten so völlig glich, daß man ihn für seinen Zwillingsbruder hätte halten können. Zusammen rollten sie auf den Boden und rissen sich um die kostbare Beute, da offenbar keiner seinem Bruder die Hälfte zu opfern geneigt war. Der erste, voller Wut, packte den zweiten bei den Haaren; dieser biß ihn ins Ohr und spuckte ein kleines abgebissenes blutiges Stück aus, wobei er einen derben Fluch in seiner heimatlichen Mundart ausstieß. Der rechtmäßige Besitzer des Kuchens versuchte seine kleinen Krallen in die Augen des Räubers einzugraben; dieser bot alle seine Kräfte auf, seinen Gegner mit der einen Hand zu erdrosseln, während er sich mit der anderen bemühte, den Kampfpreis in seine Tasche gleiten zu lassen. Doch der Besiegte, von der Verzweiflung neu belebt, schnellte wieder auf und warf den Sieger durch einen Stoß mit dem Kopf in den Magen zu Boden. Wozu einen abstoßenden Kampf beschreiben, der tatsächlich länger dauerte, als ihre kindlichen Kräfte eigentlich erwarten ließen? Der Kuchen wanderte von Hand zu Hand und wechselte jeden Augenblick die Tasche; doch, ach! er veränderte auch seinen Umfang, und als sie endlich, erschöpft, keuchend, blutig, aufhörten, weil es unmöglich war, fortzufahren, gab es wirklich gar keinen Grund mehr, die Schlacht fortzusetzen; das Stück Brot war verschwunden, es war, in Krümchen verstreut, den Sandkörnern gleich geworden, mit denen es sich vermischt hatte.

Dieses Schauspiel hatte mir die Landschaft verdunkelt, und die stille Freude, an der meine Seele sich ergötzte, ehe ich diese Menschlein gesehen hatte, war völlig verschwunden; ziemlich lange blieb ich traurig zurück und wiederholte mir immer wieder: »Es gibt also ein herrliches Land, wo das Brot *Kuchen* heißt und ein so seltener Leckerbissen ist, daß er genügt, um einen wahrhaft brudermörderischen Krieg zu entfesseln!«

XVI. DIE UHR

Die Chinesen sehen die Stunde im Auge der Katzen.

Eines Tages bemerkte ein Missionar, der im Weichbild von Nanking spazieren ging, daß er seine Uhr vergessen hatte, und fragte einen kleinen Jungen, wieviel Uhr es wäre.

Der junge Sprößling des Himmlischen Reiches zögerte erst, dann bedachte er sich und antwortete: »Ich werde es Ihnen gleich sagen.« Wenige Augenblicke später erschien er wieder, mit einer großen, dicken Katze im Arm, und, indem er ihr, wie man sagt, ins Weiße der Augen schaute, versicherte er ohne Zögern: »Es ist noch nicht ganz Mittag.« Was auch stimmte.

Und ich, wenn ich mich zu der Kätzin neige, der schönen, mit Recht so genannten Felina, zu ihr, die gleichermaßen die Ehre ihres Geschlechts, der Stolz meines Herzens und der Duft meines Geistes ist, ob bei Nacht, ob bei Tag, im vollen Licht oder im undurchsichtigen Schatten, – in der Tiefe ihrer anbetungswürdigen Augen sehe ich immer deutlich die Stunde, immer die gleiche, eine Stunde, unendlich, feierlich, groß wie der Raum, ohne Teilung in Minuten und Sekunden, – eine unbewegliche Stunde, die nicht auf den Uhren bezeichnet, und dennoch leicht, wie ein Seufzer, flüchtig, wie der Blick eines Auges ist.

Und wenn irgend ein lästiger Mensch mich zu stören käme, während mein Blick auf diesem reizenden Zifferblatt ruht, wenn ein böser und unduldsamer Geist, ein widriger Dämon, mir sagte: »Was betrachtest Du da so aufmerksam? Was suchst Du in den Augen dieses Wesens? Siehst Du in ihnen die Stunde, vergeuderischer und träger Sterblicher?« dann würde ich ihm ohne Zögern antworten: »Ja, ich sehe die Stunde; es ist die Ewigkeit!«

Nicht wahr, meine Gnädigste, ist das nicht wirklich ein verdienstliches Madrigal und ebenso schwülstig wie Sie selbst? Wahrhaftig, es hat mir so viel Vergnügen gemacht, diese anspruchsvolle Schmeichelei zu sticken, daß ich Sie um keine Gegengabe dafür bitte.

L aß mich lange, lange den Duft deines Haares
einatmen, mein ganzes Gesicht hineintauchen,
wie ein Dürstender ins Wasser einer Quelle, und es
in meiner Hand schwenken, wie ein duftendes
Taschentuch, um Erinnerungen in die Luft zu schüt-
teln.

Wenn du wissen könntest, was alles ich sehe! Was
alles ich errieche! Was alles ich in deinen Haaren
höre! Meine Seele wandert auf dem Duft, wie die
Seele der anderen Menschen auf der Musik.

Deine Haare bergen einen ganzen Traum, voll
von Segeln und Masten, sie bergen große Meere in
sich, deren Monsune mich zu entzückenden Küsten
tragen, wo der Himmel blauer und tiefer ist, wo die
Luft von den Früchten, von den Blättern und von
der Haut der Menschen duftet.

Im Ozean deines Haares ahne ich einen Hafen,
wimmelnd von schwermütigen Gesängen, von starken Männern aus allen Völkern und von Schiffen jeder Gestalt, die sich mit ihren feinen und ineinander
geschlungenen Formen gegen einen unermeßlichen
Himmel abheben, an dem die ewige Glut sich prah-
lend spreizt.

In den Liebkosungen deines Haares finde ich die
Mattigkeiten der langen Stunden wieder, die ich auf
dem Divan in der Kajüte eines schönen Schiffes er-

lebte, Stunden, gewiegt von dem unmerklichen Wellenschlag des Hafens, zwischen den Blumentöpfen und den Krügen mit erfrischenden Säften. In dem glühenden Herd deines Haares atme ich den Duft des Tabaks, mit Opium und Zucker vermischt; in der Nacht deines Haares sehe ich die Unendlichkeit der tropischen Himmelsbläue glänzen; auf den flaumigen Ufern deines Haares berausche ich mich an den durcheinander wehenden Düften von Teer, Moschus und Kokosnußöl. Laß mich deine schweren, schwarzen Flechten lange beißen. Wenn ich an deinen geschmeidigen und widerspenstigen Haaren knabbere, ist es mir, als ob ich Erinnerungen äße.

XVIII. Aufforderung zur Reise

Es gibt ein herrliches Land, das Schlaraffenland, sagt man; ich träume davon, es mit einer alten Freundin zu besuchen. Ein seltsames Land, versunken in den dichten Nebeln unseres Nordens, das man das Morgenland des Abendlandes, das China Europas nennen könnte, so sehr hat sich die heiße und launische Phantasie dort freien Lauf gelassen, so reich hat sie es in geduldiger und unermüdlicher Arbeit mit ihren kunstvollen und zarten Gewächsen geziert.

Ein wahres Schlaraffenland, wo alles schön, reich, still, gefällig ist, wo der Überfluß sich lustvoll in der Ordnung spiegelt, wo das Leben alles in Üppigkeit bietet und sanft zu atmen ist, aus dem die Unordnung, der Lärm, die Überraschung verbannt sind, wo das Glück sich dem Schweigen vermählt hat, wo selbst die Zubereitung der Speisen poetisch ist, reichlich und erregend zugleich; wo alles dir gleicht, geliebter Engel.

Du kennst jene Fieberkrankheit, die uns in den kalten Breiten des Elends überfällt, jenes Heimweh nach dem unbekannten Land, jene Angst des Wissenwollens. Es gibt eine Gegend, die dir gleicht, wo alles schön, reich, still und gefällig ist, wo die Phantasie ein abendländisches China erbaut und geschmückt hat, wo das Leben sanft zu atmen ist, wo das Glück sich dem Schweigen vermählt hat. Dorthin müssen wir gehen, um zu leben, dorthin müssen wir gehen, um zu sterben!

Ja, dorthin müssen wir gehen, um zu atmen und zu träumen und die Stunden durch die Hingabe an das Unendliche zu verlängern. Ein Musiker hat die *Aufforderung zum Tanz* geschrieben; wer wird die *Aufforderung zur Reise* in Töne bringen, die man der geliebten Frau darbieten kann, der erwählten Schwester?

Ja, es müßte schön sein, in dieser Luft zu leben, – dort in der Ferne, wo die langsameren Stunden mehr Gedanken in sich bergen, wo die Uhren das Glück mit tieferer und bedeutungsvollerer Feierlichkeit schlagen.

Auf leuchtenden Tafeln oder auf dunkelvergoldetem Prunkleder leben in Heimlichkeiten Malereien, fromm, still und tief, wie die Seelen der Künstler, die sie schufen. Die Strahlen der untergehenden Sonne, die das Eßzimmer oder den Wohnraum in so reiche Farben tauchen, werden von schönen Stoffen oder von jenen hohen, verzierten Fenstern gedämpft, die bleierne Stäbe in zahlreiche Felder teilen. Die Möbel sind sehr groß, seltsam, phantastisch, mit Schlössern und Geheimfächern versehen, wie überfeinerte Seelen. Die Spiegel, die Metalle, die Stoffe, die Werke der Goldschmiedekunst und Keramik spielen dort für die Augen eine stumme, geheimnisvolle Symphonie; und allen Dingen, allen Winkeln, aus den Ritzen der Schubläden und den Falten der Stoffe entweicht ein seltsamer Duft, ein *Wiedersehenshauch* von Sumatra, der wie die Seele der Gemächer ist.

Ein wahres Schlaraffenland, sag ich dir, wo alles reich, rein und leuchtend ist, wie ein gutes Gewissen, wie prächtiges Küchengeschirr, wie glänzende

Goldschmiedkunst, wie buntes Schmuckzeug! Die Schätze der Welt fließen dort zusammen, wie in das Haus eines redlichen Arbeiters, der sich um die ganze Welt wohlverdient gemacht hat. Seltsames Land, allen anderen überlegen, so wie die Kunst der Natur überlegen ist, wo jene vom Traum geläutert, wo diese verbessert, verschönt, umgeschmolzen ist.

Mögen sie suchen, mögen sie immer weiter suchen, mögen sie ohne Unterlaß die Grenzen ihres Glücks hinausschieben, diese Schwarzkünstler der Blumen-zucht! Mögen sie Preise von sechzig- und hundert-tausend Gulden aussetzen für den, der ihre ehrgeizi-gen Probleme zu lösen vermag! Ich habe meine *schwarze Tulpe* und meine *blaue Dahlie* gefunden.

Unvergleichliche Blume, wiedergefundene Tulpe, allegorische Dahlie, dort ist es, nicht wahr, in diesem schönen, so stillen und so träumerischen Land, wo man leben und blühen müßte? Wärest du da nicht in dem deinem Wesen entsprechenden Rahmen, und könntest du dich nicht, um mit den Mystikern zu re-den, in deiner eigenen *Entsprechung* spiegeln?

Träume! Immer Träume! Und je ehrgeiziger und zarter eine Seele ist, um so weiter entfernen sich die Träume vom Reich des Möglichen. Jeder Mensch trägt in sich selbst sein Teil natürlichen Opiums, das unaufhörlich ausgeschieden und erneuert wird; und wieviel Stunden, von der Geburt bis zum Tode, zählen wir, die von der wahrhaften Freude, von der gelungenen und entschiedenen Tat erfüllt sind? Werden wir jemals in diesem Bilde, das mein Geist gemalt hat, leben, werden wir jemals in dieses Bild eingehen, das dir gleicht?

Diese Schätze, diese Möbel, dieser Überfluß, diese Ordnung, diese Düfte, diese wunderbaren Blumen, das bist du. Du bist es noch, diese großen Ströme und diese stillen Kanäle. Diese gewaltigen Schiffe, die sie mit sich führen, voll beladen mit Reichtümern, aus denen die eintönigen Arbeitsgesänge aufsteigen, das sind meine Gedanken, die auf deinem Busen schlafen oder sich auf ihm wiegen. Du führst sie sanft dem Meere entgegen, das die Unendlichkeit ist, wie du die Tiefen des Himmels in der Durchsichtigkeit deiner schönen Seele widerspiegelst; – und wenn sie, ermüdet vom Wellenschlag und bis zum Rande beladen mit den Erzeugnissen des Morgenlandes, in den heimatlichen Hafen heimkehren, es sind immer noch meine reichgewordenen Gedanken, die aus dem Unendlichen zu dir zurückkehren.

Ich will euch zu einem unschuldigen Vergnügen anregen. Es gibt so wenig Belustigungen, die ohne Schuld sind!

Wenn ihr des Morgens ausgeht, mit der festen Absicht, auf den großen Straßen herumzuschlendern, dann steckt euch die Taschen voll mit kleinen Erfindungen, die einen Groschen kosten, z. B. mit dem platten Hampelmann, der von einem einzigen Faden bewegt wird, mit den Schmieden, die auf den Amboß schlagen, mit dem Reiter und seinem Pferd, dessen Schwanz eine Pfeife ist, – und beschenkt damit, an den Wirtshäusern, am Fuß der Bäume, die unbekannten armen Kinder, denen ihr begegnet. Ihr werdet sehen, wie ihre Augen immer größer und größer werden. Zuerst wagen sie nicht zuzufassen, sie zweifeln an ihrem Glück. Dann greifen ihre Hände gierig nach dem Geschenk, und sie nehmen Reißaus, wie die Katzen, die weit weg von euch den Bissen fressen, den ihr ihnen gegeben habt, da sie gelernt haben, dem Menschen zu mißtrauen.

Auf einer Landstraße, hinter dem Gitter eines ausgedehnten Gartens, in dem, ganz hinten, der weiße Bau eines von der Sonne beschienenen hübschen Schlosses zum Vorschein kam, stand ein schönes, jugendfrisches Kind, in geziert-ländlicher Kleidung. Der Überfluß, die Sorglosigkeit und der gewohnte Anblick des Reichtums machen diese Kinder so hübsch, daß man glauben könnte, sie seien aus anderem Stoff gemacht, als die Kinder der mittleren oder ärmeren Klassen.

Neben ihm lag auf dem Gras ein glänzendes Spielzeug, ebenso neu, wie sein Besitzer, lackiert, vergoldet, mit einem Purpurkleid angetan und bedeckt mit Federputz und Glasperlen. Aber das Kind gab sich nicht mit seinem Lieblingsspielzeug ab, sondern betrachtete, ja was nur?

Auf der anderen Seite des Gitters, auf der Landstraße, zwischen den Disteln und Nesseln, da stand ein anderes Kind, schmutzig, jämmerlich, schwarz wie von Ruß, einer von jenen kleinen Paria-Bälgen, dessen Schönheit ein unvoreingenommenes Auge entdecken würde, wenn man ihm, so wie das Auge des Kenners ein Meistergemälde unter dick aufgetragenem Firnis ahnt, die abstoßende Schmutzkruste abwüsche.

Durch diese symbolischen Gitterstäbe hindurch, die zwei Welten trennten, die Landstraße und das Schloß, zeigte das arme Kind dem reichen Kind sein eigenes Spielzeug, das dieses wie einen seltenen und unbekannten Gegenstand aufmerksam und gierig betrachtete. Und dieses Spielzeug, das der kleine Schmutzfink in seinem vergitterten Kasten neckte und hin und her schüttelte, es war eine lebendige Ratte! Seine Eltern hatten, zweifellos aus Sparsamkeit, dieses Spielzeug aus dem Leben selbst geholt.

Und die beiden Kinder lachten einander brüderlich zu, mit Zähnen von *gleicher* Weiße.

xx. Die Gaben der Feen

Die Feen hielten einmal eine große Versammlung
ab, um ihre Gaben unter die in den letzten vierundzwanzig Stunden auf die Welt gekommenen
Kinder zu verteilen.

All diese altertümlichen und launischen Schwe-
stern des Schicksals, all diese höchst seltsamen Mütter der Freude und des Schmerzes sahen ganz verschieden aus: die einen machten ein düsteres und
mürrisches, die anderen ein mutwilliges und schelmi-
sches Gesicht; die einen erschienen jung, weil sie immer jung, die anderen alt, weil sie immer alt gewesen waren.

Alle Väter, die an die Feen glaubten, waren gekommen, ein jeder mit seinem neugeborenen Kinde
auf dem Arm.

Die Gaben, die Fertigkeiten, die günstigen Zufälle, die unüberwindlichen Umstände waren neben dem Richterstuhl aufgehäuft, wie die Bücherpreise auf dem Podium, bei einer Preisverteilung. Das Besondere war, daß die Gaben nicht die Belohnung einer Anstrengung waren, sondern ganz im Gegenteil eine Gnade, die jemandem gewährt wurde, der noch gar nicht gelebt hatte, eine Gnade, die sein Schicksal bestimmen und ebenso gut die Quelle seines Unglücks wie seines Glücks werden konnte. Die armen Feen hatten alle Hände voll zu tun; denn die Menge der Bittsteller war groß, und die zwischen Mensch und Gott eingerichtete Zwischenwelt ist ebenso wie wir dem schrecklichen Gesetz der Zeit und ihrer endlosen Nachkommenschaft, den Tagen, Stunden, Minuten, Sekunden unterworfen.

Um die Wahrheit zu sagen, sie waren ebenso verdattert, wie Minister an einem Empfangstag, oder wie Angestellte des Leihamtes, wenn ein nationaler Feiertag zu kostenlosen Einlösungen berechtigt. Ich glaube sogar, daß sie von Zeit zu Zeit ebenso ungeduldig auf den Zeiger der Uhr sahen, wie menschliche Richter, die, wenn sie seit dem frühen Morgen zu Gericht gesessen haben, sich nicht enthalten können vom Mittagessen, von ihrer Familie und von ihren lieben Pantoffeln zu träumen. Wenn in der übernatürlichen Gerechtigkeit ein wenig Überstürzung und Zufall walten, so brauchen wir uns nicht zu verwundern, daß es in der menschlichen Gerechtigkeit manchmal ebenso zugeht. Wir selbst wären, in solchem Falle, ungerechte Richter. So wurden denn an diesem Tage einige Verstöße begangen, die man für phantastisch halten könnte, wenn die Klugheit, mehr als die Laune, die besondere, ewige Wesensart der Feen wäre.

So wurde z. B. die Macht, Schätze mit magnetischer Gewalt anzuziehen, dem einzigen Erben einer sehr reichen Familie verliehen, der, da er mit gar keinem Sinn für Barmherzigkeit und ebenso wenig mit irgend einer Begehrlichkeit nach den sichtbarsten Gütern des Lebens begabt war, später in größter Verlegenheit sein sollte, was er mit seinen Millionen anzufangen hätte.

So wurde die Liebe zum Schönen und Dichterkraft dem Sohne eines trübsinnigen Bettlers, Steinklopfer seinem Beruf nach, verliehen, der völlig außerstande war, die Fähigkeiten seines bedauernswerten Sprößlings zu unterstützen oder seine Not zu erleichtern.

Ich vergaß euch zu sagen, daß es, in diesen feierlichen Fällen, keine Berufung gegen die Zuteilung gibt und daß keine Gabe zurückgewiesen werden darf.

Alle Feen erhoben sich in der Meinung, ihre Fronarbeit geleistet zu haben; denn es blieb kein Geschenk, keine Freigebigkeit mehr übrig, um sie diesem menschlichen Gewürm hinzuwerfen, als ein braver

Mann, ein armer, kleiner Krämer, glaube ich, aufstand und die ihm am nächsten stehende Fee bei ihrem Gewande aus bunten Wolkenschleiern ergriff
und ausrief:

»Heh! Madame! Sie vergessen uns! Mein Kleiner
ist auch noch da! Ich möchte doch nicht umsonst gekommen sein.«

Die Fee konnte mit Recht verlegen sein; denn es
war *nichts* mehr übrig geblieben. Indessen erinnerte
sie sich noch zur rechten Zeit an ein wohlbekanntes
Gesetz, wenn es auch nur selten in der übernatürlichen Welt angewendet wird, die diese zarten Göttinnen bewohnen, Freundinnen des Menschen und
oft gezwungen, sich seinen Leidenschaften anzupassen; alle, wie sie da sind, Feen, Gnomen, Salaman-
der, Sylphiden, Sylphen, Nixen, männliche und
weibliche Wassergeister, – ich meine jenes Gesetz,
das in einem Fall wie diesem, nämlich im Fall des
Ausgehens der Lose, den Feen das Recht gibt, doch
ausnahmsweise eines als Zugabe zu gewähren, vor-
ausgesetzt, daß sie genügend Einbildungskraft besitzt, es sogleich zu erfinden.

Also anwortete die gute Fee mit einer ihres Ranges würdigen Selbstsicherheit: »Ich verleihe deinem
Sohn . . . ich verleihe ihm . . . die Gabe zu gefallen!«

»Aber gefallen, wie? gefallen . . . ? gefallen wes-
halb?« fragte hartnäckig der kleine Ladner, fraglos
einer jener so häufigen Umstandskrämer, die unfä-

hig sind, sich bis zur Logik des Unsinnigen aufzu-
schwingen.

»Weil! Weil!« entgegnete die erzürnte Fee und
drehte ihm den Rücken zu. Und indem sie sich dem
Zug ihrer Gefährtinnen anschloß, sagte sie zu ihnen:
»Was sagt ihr zu diesem eitlen kleinen Franzosen,
der alles begreifen will und, nachdem er für seinen
Sohn das beste Los erhalten hat, es noch wagt, Fragen zu stellen und das Undiskutierbare zu diskutie-
ren?«

XXI. DIE VERSUCHUNGEN
ODER
EROS, PLUTOS UND DIE GÖTTIN DES RUHMS

Zwei stolze Teufel und eine nicht minder merkwürdige Teufelin stiegen in der vergangenen
Nacht die geheimnisvolle Treppe hinauf, auf der die
Hölle gegen die Schwachheit des schlafenden Menschen anstürmt und im Geheimen mit ihm Gemein-
schaft pflegt. Und sie kamen und stellten sich prah-
lerisch vor mich hin, aufrecht, wie auf einer Tribüne.

Ein schwefliges Glänzen ging von diesen drei Gestalten aus, die sich so von dem tiefdunklen Hintergrund der Nacht abhoben. Sie sahen so stolz und gebieterisch aus, daß ich alle drei zuerst für wirkliche Götter hielt.

Das Gesicht des ersten Teufels hatte ein doppelgeschlechtliches Aussehen, und auch in den Linien seines Körpers zeigte sich die Weichheit antiker Bacchusleiber. Seine schönen schmachtenden Augen, von düsterer und unbestimmter Farbe, glichen Veilchen, die noch mit den schweren Tränen des Gewitters beladen sind, und seine halbgeöffneten Lippen heißen Räucherpfannen, denen der feine Geruch des Duftwarenladens entströmte, und jedesmal, wenn er seufzte, leuchteten nach Moschus duftende Insekten auf, flatternd im Brand seines Atems.

Um seinen Purpurmantel rollte sich als Gürtel eine schillernde Schlange, die ihm, erhobenen Hauptes, ihre glühenden Blicke schmachtend zuwandte. An diesem lebendigen Gürtel hingen, im Wechsel mit Phiolen, die mit unheimlichen Säften gefüllt waren, glänzende Messer und chirurgische Werkzeuge. In der rechten Hand hielt er eine andere Phiole mit rotleuchtendem Inhalt und der seltsamen Aufschrift: »Trinkt, dies ist mein Blut, eine vortreffliche Herzstärkung«; in der Linken eine Geige, die ihm ohne Zweifel dazu diente, seine Freuden und Schmerzen zu singen und die ansteckende Kraft seiner Liebesbrunst in den Nächten des Hexensabbats zu verbreiten.

An seinen zarten Knöcheln hingen Ringe einer zerbrochenen Goldkette, und wenn das lästige Gefühl, das sie erzeugten, ihn zwang die Augen zu Boden zu senken, schaute er mit eitlen Blicken auf die Nägel seiner Fußzehen, glatt und glänzend wie schön geschnittene Steine.

Er betrachtete mich mit seinen von schmerzlicher Trostlosigkeit wunden Augen, aus denen eine verfängliche Trunkenheit floß und sprach mit singender Stimme zu mir: »Wenn du willst, wenn du willst, mache ich dich zum Herrn der Seelen, und du wirst der Meister alles Lebendigen sein, mehr noch als der Bildhauer über den Ton, und du wirst die stets sich erneuernde Lust erfahren, aus dir selbst herauszutreten, um dich in anderen zu vergessen und die Seelen der anderen an dich zu ziehen, bis du sie in der deinigen aufgehen läßt.«

Und ich antwortete ihm: »Vielen Dank! Ich will nichts zu tun haben mit diesem Menschenpack, das sicher nicht mehr wert ist als mein armes Ich. Obwohl ich mich ein wenig schäme, wenn ich an Vergangenes zurückdenke, so will ich doch nichts vergessen; und selbst wenn ich dich, altes Scheusal, nicht kennte, dein geheimnisvoller Messerbehang, deine zweideutigen Phiolen, die Ketten, in denen sich deine Füße verstricken, sind Symbole, welche die schlimmen Folgen einer Freundschaft mit dir ziemlich klar vor Augen führen. Behalte deine Geschenke.«

Der zweite Teufel hatte weder diese zugleich tragische wie lächelnde Miene, noch so einschmeichelnde, feine Umgangsformen, noch die gleiche zarte, duftige Schönheit. Das war ein übergroßer Mensch mit dickem Gesicht ohne Augen, dessen schwerer Wanst über die Schenkel herabhing und dessen Haut überall in einer Art Tätowierung mit einer Menge von kleinen beweglichen Figuren vergoldet war, welche die zahlreichen Formen des Weltenelends darstellten. Da sah man kleine ausgemergelte Männlein, die sich selbstmörderisch an einem Nagel aufhängten; kleine Gnomen, ungestalt, mager, deren flehende Augen noch besser als ihre zitternden Hände Almosen heischten; und dazu alte Mütter, verkrüppelte Säuglinge tragend, die sich an ihre erschöpften Brüste klammerten. Und noch allerlei anderes.

Der dicke Teufel klopfte mit der Faust auf seinen ungeheuren Bauch, aus dem dann jedesmal ein langes, helles, metallenes Klirren herauskam, das in ein undeutliches Gewimmer von zahlreichen menschlichen Stimmen auslief. Und indem er dabei ohne jede Scham seine verdorbenen Zähne zeigte, stieß er ein gewaltiges, dummes Gelächter aus, so wie es in allen Ländern gewisse Leute tun, wenn sie gar gut zu Mittag gegessen haben.

Und der da sagte zu mir: »Ich kann dir geben,

womit man alles erhält, was alles aufwiegt und was für alles Ersatz bietet!« Und er klopfte auf seinen ungeheuren Bauch, dessen tiefes Echo die Erläuterung zu seiner groben Rede gab.

Ich wandte mich voll Abscheu ab und antwortete: »Ich brauche, um meine Lust zu haben, keines Menschen Elend und will nichts wissen von einem Reichtum, der einen traurig macht über all das Unglück, das auf deiner Haut wie auf einer Tapete dargestellt ist.«

Was nun die Teufelin angeht, so müßte ich lügen, wenn ich nicht eingestände, daß sie beim ersten Anblick einen seltsamen Reiz auf mich ausübte. Um diesen Reiz zu erhöhen, wüßte ich keinen besseren Vergleich als den mit jenen sehr schönen Frauen, die nahe am Verblühen sind, aber trotzdem nicht weiter altern und deren Schönheit den rührenden Zauber der Ruinen bewahrt. Sie hatte eine ebenso gebieterische wie nachlässige Art, und ihre Augen, mochten sie auch dunkel umrändert sein, waren voll bestrickender Kraft. Was den stärksten Eindruck auf mich machte, war das Geheimnis ihrer Stimme, in der ich die Erinnerung an die lieblichsten tiefen Altstimmen wiederfand und ebenso auch etwas von der Heiserkeit, wie sie Kehlen eigen ist, die dauernd von Alkohol gespült werden.

»Willst du meine Macht kennen lernen?« sagte die falsche Göttin mit ihrer reizenden und verblüffenden Stimme. »Hör mich an.«

Und sogleich setzte sie eine riesige Trompete, die wie eine Zwiebelflöte mit den Titeln aller Zeitungen der Welt bebändert war, an den Mund und schrie durch diese Trompete meinen Namen, der auf diese Weise mit dem Lärm von hunderttausend Donnerschlägen durch den Raum rollte und, von dem Echo des entferntesten Planeten zurückgeworfen, wieder zu mir zurückkam.

»Teufel auch!« entfuhr es mir, halb gewonnen, »das ist eine großartige Sache!« Aber als ich die verführerische Amazone aufmerksamer anschaute, kam es mir fast vor, als ob ich sie schon mit einigen mir bekannten seltsamen Käuzen hätte anstoßen sehen; und der heisere Ton des Blechinstrumentes brachte meinen Ohren die verworrene Erinnerung an eine Trompete, die sich verkauft.

Also antwortete ich mit der ganzen Verachtung, deren ich fähig war: »Fort mit dir! Ich bin nicht dazu geschaffen, die Geliebte von gewissen Leuten zu heiraten, die ich nicht nennen mag.«

Gewiß, ich hatte das Recht, stolz zu sein auf eine so mutige Entsagung. Aber unglücklicherweise wachte ich auf und fühlte, wie alle meine Kräfte mich verließen. »Wahrhaftig«, sprach ich zu mir, »ich muß doch sehr schlaftrunken gewesen sein, um solches Zartgefühl zu zeigen. Ah! Wenn sie doch wiederkommen möchten, jetzt wo ich wach bin, dann würde ich nicht gar so arg den Zartfühlenden spielen!«

Und ich beschwor sie mit lauter Stimme, flehte sie an mir zu verzeihen und bot ihnen an, mich zu entehren, so oft es nötig wäre, um mir ihre Gunst zu verdienen; aber ich muß sie schwer beleidigt haben; denn sie sind niemals wiedergekommen.

XXII. ABENDDÄMMERUNG

Der Tag sinkt. Eine große sanfte Ruhe legt sich in die armen, von der Mühsal des Tages ermüdeten Seelen; und ihre Gedanken nehmen nun die zarten, verschwimmenden Farben der Dämmerung an.

Hoch vom Gebirg jedoch dringt zu meinem Balkon, durch die durchsichtigen Abendwolken ein lautes Geheul, zusammengesetzt aus einer Menge mißtöniger Schreie, die der Raum in einen düsteren Einklang verwandelt, gleich der steigenden Flut oder einem erwachenden Sturm.

Was sind das für Unglückliche, die der Abend nicht beruhigt, und die, wie die Eulen, das Kommen der Nacht für die Ankündigung eines Hexensabbats halten? Dieses unheimliche Geschrei dringt aus der schwarzen Irrenanstalt hoch oben im Gebirg zu mir; und des Abends, wenn ich meine Zigarre rauche und die Ruhe des weitgedehnten Tales betrachte, dicht bedeckt mit Häusern, deren Fenster alle zu sagen scheinen: »Hier wohnt jetzt der Friede, hier die Freude der Familie!« dann kann ich, im Wehen des Windes dort aus der Höhe, meine aufgestörten Gedanken wiegen zu solcher Nachahmung der Wohlklänge der Hölle.

Die Dämmerung reizt die Geistesgestörten auf. – Ich erinnere mich an zwei frühere Freunde, welche die Dämmerung ganz krank machte. Der eine wußte dann nichts mehr von den Banden der Freundschaft und der Höflichkeit und behandelte den ersten besten wie ein Wilder. Ich habe mit angesehen, wie er einem Oberkellner ein ausgezeichnetes Hühnchen, in dem er irgendwelche beleidigenden, rätselhaften Hieroglyphen zu sehen glaubte, an den Kopf warf. Der Abend, Vorbote der tiefsten Wollüste, verdarb ihm die schmackhaftesten Dinge.

Der andere, ein verwundeter Ehrgeiziger, wurde, je tiefer der Tag sank, um so reizbarer, düsterer, ausfälliger. War er bei Tag noch nachsichtig und erträglich, so wurde er schonungslos am Abend und ließ seinen Dämmerungswahn voller Wut nicht nur an anderen, sondern auch an sich selbst aus.

Der erste ist im Wahnsinn gestorben, unfähig, Frau

und Kind zu erkennen; der zweite trägt die Unruhe eines dauernden Unbehagens mit sich herum, und selbst wenn man ihn mit allen Ehren, die Staaten und Fürsten zu vergeben haben, belohnte, so würde, glaube ich, die Dämmerung doch noch das brennende Verlangen nach eingebildeten Auszeichnungen in ihm entzünden. Die Nacht, die ihre Finsternis in ihren Geist legte, erhellt den meinigen; und obwohl man nicht selten erlebt, daß die gleiche Ursache zwei einander entgegengesetzte Wirkungen hervorbringt, fühle ich mich darüber doch immer etwas beunruhigt und erschreckt.

O Nacht! O erquickende Finsternis! Ihr verkündet mir ein Fest der Seele, ihr befreit mich von meiner Angst. In der Einsamkeit der Ebenen, in den steinigen Irrgängen der Großstadt, seid ihr, Glitzern der Sterne, Aufblitzen der Laternen, das Feuerwerk der Göttin Freiheit!

Dämmerung, wie bist du sanft und zärtlich! Der rosige Schimmer, der noch am Himmel schwebt, wie das Erlöschen des Tages unter dem sieghaften Druck seiner Nacht, die Lichter der Kandelaber, die dunkelrote Flecken auf die letzte Pracht der untergehenden Sonne werfen, die schweren Vorhänge, die eine unsichtbare Hand aus den Tiefen des Ostens herbeizieht, das alles ist wie ein Bild der verworrenen Gefühle, die in den feierlichen Stunden des Lebens im Herzen der Menschen miteinander kämpfen.

Man könnte auch an eins von jenen seltsamen Gewändern von Tänzerinnen denken, bei denen ein durchsichtiger dunkler Schleier das gedämpfte Glänzen eines hellen Rockes ahnen läßt, so wie unter der schwarzen Gegenwart die köstliche Vergangenheit hindurchscheint; und die flimmernden, goldenen und silbernen Sterne, mit denen sie besät ist, sind die Flammen der Phantasie, die sich nur unter der tiefen Trauer der Nacht hell entzünden.

XXIII. DIE EINSAMKEIT

Ein menschenfreundlicher Zeitungsschreiber belehrt mich, die Einsamkeit wäre für den Menschen vom Übel; und zur Unterstützung seiner Behauptung führt er, wie alle Ungläubigen, Worte der Kirchenväter an.

Ich weiß, daß der Dämon gern an öden Stätten verweilt, und daß der Geist des Mordes und der Geilheit sich in der Einsamkeit wundersam entzündet. Aber es wäre möglich, daß diese Einsamkeit nur für die müßige und unstete Seele, die sie mit ihren

Leidenschaften und Trugbildern bevölkert, gefährlich würde.

Sicher ist, daß ein Schwätzer, dessen höchstes Vergnügen darin besteht, von einer Kanzel oder einer Tribüne herab zu sprechen, leicht Gefahr liefe, auf der Insel Robinsons ein rasender Narr zu werden. Ich verlange von meinem Zeitungsschreiber nicht Crusoes mutige Tugenden, aber ich fordere, daß er die Liebhaber der Einsamkeit und des Geheimnisses nicht in Anklagezustand versetzte.

Es gibt in unserem geschwätzigen Geschlecht Leute, die ihre Hinrichtung weniger widerwillig hinnehmen würden, wenn sie die Erlaubnis erhielten, von der Höhe des Schafotts eine ausgiebige Rede zu halten, ohne fürchten zu müssen, daß das Messer des Herrn Santerre* ihnen vorzeitig das Wort abschneiden könnte.

Ich beklage sie nicht, weil ich mir denke, daß ihre rednerischen Ergüsse ihnen wollüstige Empfindungen verschaffen, gleich denen, die andere aus dem Schweigen und der seelischen Sammlung ziehen, aber ich verachte sie.

Ich wünsche vor allem, daß mein verfluchter Zeitungsschreiber mir erlaubt, mich auf meine Art zu vergnügen. »Sie verspüren also niemals, – sagt er mit apostolisch näselnder Stimme zu mir – das

* Claude Santerre, berüchtigter Pariser Revolutionsheld, Brigadegeneral in der Armee der Republik.

Bedürfnis, Ihre Freuden anderen mitzuteilen?«
Schauen Sie den zartsinnigen Neidling! Er weiß, daß
ich seine Freuden verachte, und er will sich in die
meinigen einschleichen, der ekelhafte Störenfried!

»Dies große Unglück, daß man nicht allein sein
kann!« sagt La Bruyère irgendwo, als ob er alle die
beschämen wollte, die es nicht eilig genug haben können, sich in der Menge zu vergessen, zweifellos aus
Furcht, sie könnten sich nicht selbst ertragen.

»Fast unser ganzes Unglück kommt nur daher,
daß wir nicht gelernt haben, in unserem Zimmer zu
bleiben«, sagt ein anderer Weiser, Pascal, glaube ich,
indem er so in die Zelle der inneren Sammlung alle
jene Narren zurückruft, die das Glück in der Bewegung suchen und in einer schamlosen Preisgabe, die
ich *brüderlich* nennen könnte, wenn ich die schöne
Sprache meines Jahrhunderts sprechen wollte.

E r sprach zu sich, als er in einem schönen einsamen
Park spazieren ging: Wie schön müßte sie sein in
einer kunstvoll aufgeputzten, prunkvollen Hofklei-
dung, wenn sie durch die Luft eines schönen Abends
die Marmorstufen eines Palastes vor den weiten
Rasenplätzen und Wasserbecken hinabstiege! Denn
die Natur hat ihr das Aussehen einer Prinzessin mit-
gegeben.

Später, wie er durch eine Straße ging, blieb er vor
einem Kupferstichkabinett stehen, und als er in einer
Mappe einen Stich fand, der eine tropische Landschaft darstellte, sprach er zu sich: »Nein! Nicht in
einem Palast möchte ich ihr liebes Leben besitzen. Wir
wären da nicht bei *uns zu Hause*. Überdies würde an
diesen von Gold strotzenden Wänden kein Platz
übrigbleiben, um ihr Bild aufzuhängen. In diesen
feierlichen Hallen gibt es keinen Winkel zu ver-
traulichem Beisammensein. Wahrhaftig, *dort* müßte
ich wohnen, um den Traum meines Lebens zu pflegen.«

Und indem seine Augen die Einzelheiten des Sti-
ches aufmerksam betrachteten, fuhr er im Geiste
fort: »Am Strand des Meeres, eine schöne hölzerne
Hütte, umstanden von all jenen phantastischen und
leuchtenden Bäumen, deren Namen ich vergessen
habe ... in der Luft ein berauschender, unbestimm-

barer Geruch . . ., in der Hütte ein starker Duft von Rosen und Moschus . . ., weiter entfernt, hinter unserem kleinen Bereich, die Spitzen von wellengeschaukelten Masten . . ., um uns herum, jenseits des Zimmers, erhellt von rosigem, durch die Vorhänge gedämpftem Licht, geschmückt mit frischen Matten und betäubenden Blumen, mit einigen wenigen Sesseln im portugiesischen Rokokostil, aus schwerem dunklem Holz (auf dem sie ruhen würde, so still, so schön mit dem Fächer sich Kühlung zuwehend, leicht opiumgetränkten Tabak rauchend), jenseits der Veranda der Lärm der von Licht trunkenen Vögel und das Geplapper der kleinen Negerinnen . . . und, in der Nacht, als Begleitung zu meinen Träumen, der klagende Gesang der Musikbäume, der schwermütigen filaos! Ja, in Wahrheit, *dort* ist die Szenerie, die ich suchte. Was habe ich mit Palästen zu tun?«

Und in einiger Entfernung, wie er eine lange Allee hinunterging, bemerkte er ein schmuckes Gasthaus, wo sich aus einem Fenster, dem Vorhänge aus buntem Kattun ein heiteres Aussehen verliehen, zwei lachende Gesichter heraus neigten. Und sogleich: »Mein Geist«, so sprach er zu sich, »muß doch ein rechter Landstreicher sein, um so weit in der Ferne zu suchen, was mir so nahe ist. Das Vergnügen und das Glück sind in der ersten besten Herberge, in der Herberge ›Zum Zufall‹, die so reich an Wollüsten ist. Ein gutes Feuer, buntes Steingutgeschirr, ein annehmbares Abendessen, ein kräftiger Wein, ein weit ausladendes Bett mit etwas rauhen, aber frischen Laken, was brauchen wir mehr?«

Als er dann allein nach Hause kam, zur Stunde, in der die Ratschläge der Weisheit nicht mehr vom Gesumme des äußeren Lebens erstickt werden, sprach er zu sich: »Heute habe ich, im Traum, drei Wohnungen gehabt, in denen ich gleiche Freuden gekostet habe. Warum soll ich meinen Leib zwingen, seinen Platz zu wechseln, da doch meine Seele so leicht und frei unterwegs ist? Und wozu Pläne ausführen, da das Planen selbst schon genügend Genuß gewährt?«

XXV. DIE SCHÖNE DOROTHEA

Die Sonne drückt mit ihrem senkrecht einfallenden schrecklichen Licht auf die Stadt; blendend liegt der Sand, und das Meer glitzert wie ein Spiegel. Die betäubte Welt wird schlaff und feig und überläßt sich dem Schlummer, einem Schlummer, der eine Art süßen Todes ist, in dem der Schläfer, in halbem Wachen, die Wollust seiner Vernichtung genießt.

Dorothea indessen, stark und stolz wie die Sonne, schreitet die verlassene Straße entlang, das einzige lebende Wesen zu dieser Stunde unter der unermeßlichen Himmelsbläue, als ein schwarzer, scharf gegen das Licht sich abhebender Fleck.

Sie geht dahin, mit weichem Wiegen ihres dünnen Leibes auf ihren so breiten Hüften. Ihr Kleid aus anschmiegender Seide, von heller rosiger Tönung, sticht lebhaft von der Dunkelheit ihrer Haut ab und läßt deutlich die Formen ihres schlanken Wuchses, ihres hohlen Kreuzes und ihrer spitzen Brust erkennen.

Ihr roter, das Licht dämpfender Sonnenschirm wirft auf das dunkle Gesicht die blutige Schminke seines Widerscheins.

Das Gewicht ihres reichen, fast blauen Haares zieht ihren zarten Kopf nach hinten und gibt ihr ein siegstolzes und lässiges Aussehen. Schwere Ohrringe zwitschern im Versteck ihrer niedlichen Ohren.

Von Zeit zu Zeit hebt der Meerwind den Zipfel ihres faltigen Rockes in die Höhe und zeigt ihr leuchtendes, herrliches Bein; und ihr Fuß, vergleichbar den Füßen der Marmorgöttinnen, die Europa in seinen Museen einschließt, drückt seine Form scharf in den feinen Sand. Denn Dorothea ist in so erstaunlichem Maße gefallsüchtig, daß das Vergnügen, bewundert zu werden, bei ihr stärker ist als der Stolz der Freigelassenen, und, obwohl sie frei ist, geht sie ohne Schuhe.

So schreitet sie ebenmäßigen Ganges dahin, froh ihres Lebens und mit weisem Lächeln lächelnd, als ob sie weit in der Ferne des Raumes einen Spiegel erblickte, der ihren Gang und ihre Schönheit zurückwürfe.

Welch mächtiger Beweggrund hat wohl, zur Stunde, da selbst die Hunde vor Schmerz winseln unter der Sonne, die sie sticht, die träge Dorothea, schön und kalt wie Bronze, auf die Straße getrieben?

Warum hat sie ihre kleine, so verführerisch eingerichtete Hütte verlassen, aus der die Blumen und Matten mit so wenig Kosten ein vollendetes Boudoir machen, wo es ihr so viel Vergnügen bereitet, sich zu kämmen, zu rauchen, sich fächeln zu lassen oder sich im Spiegel ihrer großen Federfächer zu betrachten, während das Meer, das hundert Meter von ihr entfernt an die Küste schlägt, als mächtige und eintönige Begleitung zu ihren vagen Träumereien rauscht, und der eiserne Topf, in dem ein Gemisch von Krabben mit Reis und Safran kocht, ihr aus der Tiefe des Hofes seine aufregenden Düfte sendet?

Vielleicht hat sie ein Stelldichein mit einem jungen Offizier, dem, auf weitentlegenem Strande, seine Kameraden von der berühmten Dorothea gesprochen haben. Unfehlbar wird sie, das einfache Geschöpf, ihn bitten ihr den Opernball zu beschreiben, und sie wird ihn fragen, ob man dort barfuß geht, wie bei den Sonntagstänzen, wo sogar die alten Kaffernweiber vor Lust trunken und toll werden; und außerdem noch, ob die schönen Damen von Paris alle schöner sind als sie.

Dorothea wird von allen bewundert und verhätschelt, und sie wäre vollkommen glücklich, wenn sie nicht Piaster auf Piaster aufhäufen müßte, um ihre kleine, gut elf Jahre alte Schwester, die schon so reif und so schön ist, loszukaufen! Es wird ihr sicher gelingen, der guten Dorothea; der Eigentümer des Kindes ist so geizig, zu geizig, um eine andere Schönheit als die der Taler zu begreifen!

XXVI. Die Augen der Armen

Ah! Sie wollen wissen, warum ich Sie heute hasse. Es wird Ihnen sicher weniger leicht fallen, es zu verstehen, als mir, es Ihnen zu erklären; denn Sie sind, glaube ich, das schönste Beispiel weiblicher Undurchsichtigkeit, das einem begegnen kann.

Wir hatten einen langen Tag miteinander verlebt, der mir kurz vorgekommen war. Wir hatten uns versprochen, daß uns alle unsere Gedanken, dem einen wie dem anderen, gemeinsam sein, und daß in Zukunft unsere Seelen nur noch eine bilden sollten, ein Traum, der eigentlich nichts Ungewöhnliches an sich hat, es sei denn, daß er, der von allen Menschen geträumte, noch von niemandem verwirklicht worden ist.

Abends, ein wenig müde geworden, äußerten Sie den Wunsch, vor einem neuen Caféhaus Platz zu nehmen, an der Ecke eines neuen Boulevards, der noch ganz voll von Schutt lag und schon mit Stolz seine unvollendeten Herrlichkeiten zeigte. Das Café war voll funkelnden Glanzes. Selbst das Gas entwickelte die Glut einer Erstlingsleistung und erhellte mit aller Kraft die blendend weißen Wände, die grellbeleuchteten Flächen der Spiegel, das Gold der Friese und Gesimse, die pausbäckigen, von angekoppelten Hunden gezogenen Pagen, die Damen, die dem auf ihrer Hand sitzenden Falken zulachen, die Nymphen und Göttinnen, die Früchte, Pasteten und Wildbret auf ihrem Kopf tragen, die Heben und Ganymede, die mit ausgestrecktem Arm den kleinen Krug mit süßen Fruchtsäften oder den zweifarbigen Obelisk von gemischtem Eis anbieten. Die ganze Geschichte und die ganze Mythologie im Dienste der Schlemmerei.

Gerade vor uns, auf der Fahrstraße, hatte sich ein braver Mann, von ungefähr vierzig Jahren, mit müdem Gesicht, ergrauendem Bart aufgepflanzt; an der einen Hand hielt er einen kleinen Jungen und auf dem anderen Arm trug er ein kleines Wesen, noch viel zu schwach, um gehen zu können. Er machte das Kindermädchen und ließ seine Kinder die Abendluft atmen. Alle in Lumpen. Diese drei Gesichter hatten einen ganz ungewöhnlich ernsten Ausdruck, und die sechs Augen betrachteten das neue Café unverwandt mit der gleichen, aber je nach dem Alter verschieden abgestuften Bewunderung.

Die Augen des Vaters sagten: »Wie schön ist das! Wie schön ist das! Man möchte glauben, das ganze Gold der armen Welt wäre zu diesen Wänden gekommen.« – Die Augen des kleinen Jungen: »Wie schön ist das! Wie schön ist das! Aber das ist ein Haus, in das nur die Leute eintreten dürfen, die nicht so sind, wie wir.« – Und die Augen des Kleinsten, die waren zu gebannt, als daß sie etwas anderes als eine stumpfsinnige tiefe Freude hätten ausdrücken können.

Die Liederdichter sagen, daß das Vergnügen die Seele gut mache und das Herz erweiche. Das Lied hatte Recht an jenem Abend, wenigstens für mich. Nicht nur überkam mich Rührung beim Anblick dieser Familie von Augen, ich schämte mich auch etwas unserer Gläser und Kannen, die größer waren als unser Durst. Ich wandte meine Blicke den Ihrigen zu, Liebste, um in ihnen *meinen* Gedanken zu lesen; ich tauchte in Ihre so schönen und phantastisch sanf-

ten Augen, in Ihre grünen Augen, in denen der lau-
nische Eigensinn sitzt und das Mondlicht geistert, als
Sie mir sagten: »Ich finde diese Leute mit ihren wie
Scheunentore aufgerissenen Augen unerträglich!
Könnten Sie nicht den Besitzer des Cafés ersuchen,
sie von hier zu entfernen?«

So schwer ist es, einander zu verstehen, teuerster
Engel, und so wenig mitteilbar ist der Gedanke
selbst zwischen Menschen, die sich lieben.

XXVII. Ein heldischer Tod

Fanciullo war ein bewunderungswürdiger Spaß-
macher und gehörte fast zu den Freunden des
Fürsten. Aber auf Menschen, die sich dem Beruf des
Komischen gewidmet haben, üben die ernsthaften
Dinge eine verhängnisvolle Anziehungskraft aus, und
obwohl es phantastisch erscheinen mag, daß die Ideen
Freiheit und Vaterland sich mit tyrannischer Gewalt
eines Komödianten bemächtigen, – eines Tages trat
Fanciullo einer Verschwörung bei, die einige unzu-
friedene Edelleute angezettelt hatten.

Es gibt überall Ehrenmänner, um den Machthabern solche Eigenbrötler von schwarzgalliger Gemütsart anzuzeigen, welche die Fürsten absetzen und, ohne ihren Rat einzuholen, die Gesellschaft auf den Kopf stellen wollen. Die betreffenden Großen wurden, ebenso wie Fanciullo, verhaftet und einem sicheren Tode geweiht.

Ich möchte glauben, daß der Fürst sich fast ärgerte, seinen Lieblingsschauspieler in Gesellschaft der Aufrührer zu finden. Der Fürst war weder besser noch schlimmer als irgendein anderer, aber eine übertriebene Empfindlichkeit machte ihn in vielen Fällen grausamer und gewalttätiger als alle seine Standesgenossen. Leidenschaftlicher Liebhaber der schönen Künste, ausgezeichneter Kenner übrigens, war er wirklich unersättlich in seinen Wollüsten. Ziemlich gleichgültig gegenüber Menschen und Moral, selbst eine echte Künstlernatur, kannte er als gefährlichen Feind nur den Überdruß; und die phantastischen Anstrengungen, die er machte, um diesen Welttyrannen zu fliehen oder zu überwinden, hätten ihm aus der Feder eines strengen Geschichtsschreibers sicher das Beiwort »Ungeheuer« eingetragen, wenn es in seinen Landen erlaubt gewesen wäre, irgend etwas zu schreiben, das nicht ausschließlich dem Vergnügen diente oder dem Erstaunen, das sicher eine der feinsten Formen des Vergnügens ist. Das größte Unglück dieses Fürsten bestand darin, daß er niemals eine

Bühne besaß, die für seinen hohen Geist weit genug gewesen wäre. Es gibt junge Neros, die in allzu engen Grenzen ersticken und deren Namen und guten Willen die kommenden Jahrhunderte niemals erfahren. Die unvorsichtige Vorsehung hatte diesem Manne Fähigkeiten verliehen, die größer waren als sein Staat.

Plötzlich kam das Gerücht in Umlauf, daß der Herrscher die Absicht hätte, alle Verschwörer zu begnadigen. Dieses Gerücht war entstanden durch die Ankündigung einer großen Theateraufführung, bei der Fanciullo eine seiner besten Hauptrollen spielen sollte. Sogar die verurteilten Edelleute sollten, wie man sagte, der Vorstellung beiwohnen; ein klares Zeichen, fügten die oberflächlichen Geister hinzu, der großmütigen Absichten des beleidigten Fürsten.

Bei einem von Natur und Willen so unberechenbaren Menschen war alles möglich, selbst die Tugend, selbst die Milde, besonders dann, wenn er hätte hoffen können, dabei ein unerwartetes Vergnügen zu finden. Doch für solche, die, wie ich, tiefer in diese neugierige und kranke Seele hatten eindringen können, war es unendlich wahrscheinlicher, daß der Fürst sich ein Urteil über den Wert der schauspielerischen Begabung eines zum Tode Verurteilten bilden wollte. Er wollte die Gelegenheit benützen, um ein physiologisches Experiment von *hochnotpeinlicher* Wichtigkeit zu machen und festzustellen, bis zu welchem Grade die gewohnten Fähigkeiten eines Künstlers durch die außergewöhnliche Lage, in der er sich befand, verändert oder beeinträchtigt werden könnten; gab es, darüber hinaus, in seiner Seele die mehr oder minder gefaßte Absicht Milde zu üben? Das ist ein Punkt, der niemals aufgeklärt werden konnte.

Jedenfalls, als der große Tag erschienen war, entfaltete dieser kleine Hof seinen ganzen Pomp, und man würde sich nur schwer vorstellen können, wenn man es nicht selbst gesehen hätte, was alles die bevorrechtigte Schicht eines kleinen, nur über beschränkte Hilfsmittel verfügenden Staates an glänzender Ausstattung für eine echte Feierlichkeit aufzuweisen vermag. Diese war in doppeltem Sinne echt, einmal wegen des Zaubers der entfalteten Pracht, zum anderen wegen der seelischen und geheimnisvollen Bedeutung, die mit ihr verbunden war.

Unser Fanciullo glänzte besonders in stummen oder mit wenigen Worten beladenen Rollen, oft die Hauptrollen in jenen Zauberstücken, deren Gegenstand es ist, das Geheimnis des Lebens symbolisch darzustellen. Er betrat leichten Schrittes und mit vollendeter Unbefangenheit die Bühne, was mit dazu beitrug, den Gedanken an Sanftmut und Verzeihung in der vornehmen Zuhörerschaft zu festigen.

Wenn man von einem Komödianten sagt: »Das ist

ein guter Komödiant«, so bedient man sich eines Ausdrucks, der besagen will, daß unter der dramatischen Person sich noch der Komödiant erraten läßt, will sagen, die Kunst, die Anstrengung, der Wille. Wenn es nun einem Komödianten gelänge, im Verhältnis zu der Persönlichkeit, die er darstellen soll, das zu sein, was die besten Statuen des Altertums – könnten sie auf wunderbare Weise lebendig und beseelt werden, könnten sie gehen und sehen – im Verhältnis zu der allgemeinen und dunklen Idee der Schönheit sein würden, so wäre das sicher ein einzigartiger und ganz unvorhergesehener Fall. Fanciullo war an diesem Abend von so idealer Vollkommenheit, daß man unmöglich annehmen konnte, sie wäre nicht lebendig, möglich oder wirklich. Dieser Spaßmacher kam und ging, lachte, weinte, krampfte sich zusammen mit einer unzerstörbaren Strahlenkrone auf dem Haupt, einer für alle anderen unsichtbaren, für mich aber sichtbaren Strahlenkrone, in der sich, in seltsamer Verschmelzung, die Strahlen der Kunst und der Ruhm des Märtyrers zusammenfanden. Fanciullo führte, durch eine besondere geheimnisvolle Gnade, das Göttliche und Übernatürliche bis in die ausgelassensten Späße hinein. Meine Feder zittert, und Tränen einer immer gegenwärtigen Rührung steigen mir in die Augen, während ich euch diesen unvergeßlichen Abend zu beschreiben versuche. Fanciullo bewies mir, auf unumstößliche, unwiderlegliche Art, daß der Rausch der Kunst besser als jeder andere die Schrecken des Abgrundes zu verhüllen vermag; daß der außerordentliche Mensch am Rande des Grabes Komödie spielen kann mit einer Freude, die ihn verhindert, das Grab zu sehen, verloren, wie er ist, in einem Paradies, das jeden Gedanken an Grab und Zerstörung ausschließt.

Die ganze Versammlung, so übersättigt und leichtfertig die Teilnehmer auch sein mochten, unterlag bald der bezwingenden Allgewalt des Künstlers. Niemand träumte mehr von Tod, Trauer, Marter. Jeder gab sich, ohne Unruhe, den vielfachen Wollüsten hin, die der Anblick eines Meisterwerkes lebendiger Kunst vermittelt. Die Ausbrüche von Freude und Bewunderung erschütterten zu wiederholten Malen die Wölbungen des Gebäudes mit der Gewalt eines ununterbrochenen Donners. Der Fürst selbst, berauscht, vereinigte seine Beifallsbezeugungen mit denen seines Hofes.

Ein klarblickendes Auge indessen konnte erkennen, daß sein Rausch nicht ganz ungemischt war. Fühlte er sich in seiner unumschränkten Macht besiegt? Gedemütigt in seiner Kunst, die Herzen in Schrecken zu versetzen und die Geister zu lähmen? Um seine Hoffnungen betrogen und verhöhnt in seinen Erwartungen? Derartige, nicht genau bewiesene, aber auch durchaus nicht von der Hand zu weisende Vermutungen durchflogen meinen Geist, während ich das Gesicht des Fürsten betrachtete, auf welchem eine neue Blässe sich beständig seiner gewohnten Blässe hinzufügte, wie Schnee sich zu Schnee fügt. Seine Lippen preßten sich immer fester aufeinander und seine Augen sprühten von einem inneren Feuer, ähnlich dem der Eifersucht und des Grolls, selbst während er vor aller Augen der Kunst seines alten Freundes Beifall klatschte, des seltsamen Spaßmachers, der so vortrefflich mit dem Tode zu spaßen verstand. Mit einem Male sah ich, wie Seine Hoheit sich zu einem kleinen Pagen hinter ihm beugte und ihm etwas ins Ohr flüsterte. Ein helles Lächeln überflog die verschmitzte Miene des hübschen Knaben, und sogleich verließ er lebhaften Schrittes die Loge des Fürsten, wie um sich eines eiligen Auftrages zu entledigen.

Wenige Minuten später unterbrach ein schriller, langhingezogener Pfiff Fanciullo in einem seiner besten Augenblicke und zerriß zu gleicher Zeit die Ohren und die Herzen. Und von der Stelle des Saales, von wo diese unerwartete Mißbilligung aufgesprungen war, stürzte sich, mit ersticktem Lachen, ein Kind in einen Korridor.

Fanciullo, so plötzlich aufgeschreckt aus seinem Traum, schloß zuerst die Augen, öffnete sie fast im gleichen Augenblick, übermäßig vergrößert, wieder, öffnete dann den Mund, wie um krampfhaft Atem zu holen, schwankte etwas nach vorn, etwas nach

hinten und fiel dann in jähem Fall tot auf die Bretter.

Hatte der Pfiff, rasch wie ein Schwert, wirklich
den Henker um sein Amt betrogen? Hatte der Fürst
selbst die ganze mörderische Wirkung seiner List
vorausgeahnt? Man darf es bezweifeln. Trauerte er
um seinen lieben, unnachahmlichen Fanciullo? Es ist
süß und erlaubt, es zu glauben.

Die schuldigen Edelleute hatten sich zum letzten
Male des Schauspiels im Theater erfreut. In der gleichen Nacht wurden sie aus dem Leben gestrichen.

Seit diesem Tag haben mehrere, in verschiedenen
Ländern mit Recht geschätzte Mimen vor dem Hof
von *** gespielt; aber keiner von ihnen konnte die
wunderbaren Fähigkeiten Fanciullos ins Gedächtnis
zurückrufen, noch sich zu der gleichen *Gunst* erheben.

Als wir den Tabakladen verlassen hatten, nahm mein Freund eine sorgfältige Sonderung seines Geldes vor; in die linke Westentasche steckte er kleine Goldstücke, in die rechte kleine Silberstücke; in die linke Hosentasche eine Menge Kupfermünzen und zuletzt, in die rechte, ein silbernes Zweifrancsstück, das er sich besonders aufmerksam angeschaut hatte.

»Eigenartige und kleinliche Verteilung!« dachte ich bei mir.

Wir trafen auf einen armen Bettler, der uns mit zitternder Hand seine Mütze hinhielt. – Ich kenne nichts, was mich mehr beunruhigt, als die stumme Beredsamkeit solcher flehenden Augen, die für den empfindsamen Menschen, der in ihnen zu lesen versteht, gleichzeitig ebensoviel Demut wie Vorwürfe enthalten. Er findet in ihnen etwas, was an jene Tiefe verwirrenden Gefühls in den kläglichen Augen geschlagener Hunde heranreicht.

Die Gabe meines Freundes war viel bedeutender als meine, und ich sagte zu ihm: »Sie haben Recht; nach dem Vergnügen, sich zu erstaunen, gibt es kein größeres als eine Überraschung zu bereiten.« – »Es war das falsche Stück«, gab er mir ruhig zur Antwort, wie um seine Freigebigkeit zu rechtfertigen.

Aber in mein elendes Gehirn, immer beschäftigt,

zwölf Uhr am hellen Mittag zu suchen (mit welch lästiger Fähigkeit hat mich doch die Natur beschenkt!), fiel plötzlich der Gedanke, daß ein solches Verhalten meines Freundes nur durch den Wunsch entschuldbar wäre, im Leben dieses armen Teufels ein Erlebnis zu schaffen, vielleicht sogar auch in der Absicht, die verschiedenen Folgen kennen zu lernen, unheilvolle oder andere, die ein falsches Geldstück in der Hand eines Bettlers nach sich ziehen kann. Könnte es sich nicht vielleicht zu echten Stücken vervielfältigen? Könnte es ihn nicht auch ins Gefängnis bringen? Ein Gastwirt, ein Bäcker zum Beispiel, könnte ihn vielleicht als Falschmünzer oder als Vertreiber falschen Geldes verhaften lassen. Ebenso gut könnte das falsche Stück vielleicht für einen armen kleinen Spekulanten der Grundstock zu einem Reichtum von ein paar Tagen sein. Und so nahm meine Einbildungskraft hurtig ihren Lauf, lieh dem Geist meines Freundes Flügel und zog alle möglichen Folgerungen aus allen möglichen Vermutungen.

Aber der zerriß, meine eigenen Worte aufnehmend, unvermittelt meine Träumerei: »Ja, Sie haben Recht; es gibt kein süßeres Vergnügen, als einen Menschen mit einer Gabe, die er nicht erhofft, zu überraschen.«

Ich schaute ihm ins Weiße der Augen und erschrak, als ich sah, daß seine Augen von unbestreit-

barer Aufrichtigkeit glänzten. Ich sah da ganz deutlich, daß er zu gleicher Zeit ein Almosen geben und
ein gutes Geschäft hatte machen wollen; daß er vierzig Sous verdienen und das Herz des lieben Gottes
gewinnen, das Paradies auf billige Weise erwerben
und endlich das Patent eines Wohltäters unentgelt-
lich ergattern wollte. Fast hätte ich ihm das Verlangen nach der verbrecherischen Freude, dessen ich ihn
soeben für fähig hielt, verziehen; ich hätte es merkwürdig, seltsam gefunden, daß er sich einen Spaß
daraus machen wollte, die Armen in Ungelegenhei-
ten zu bringen, aber ich werde ihm niemals die
Albernheit seiner Berechnung verzeihen. Es gibt
keine Entschuldigung für einen Bösewicht, aber man
hat ein gewisses Verdienst zu wissen, daß man einer
ist, und das schlimmste, nicht wieder gut zu
machende Laster besteht darin, das Böse zu tun aus
Dummheit.

Gestern, mitten im Gewühl des Boulevards, fühlte ich mich von einem geheimnisvollen Jemand gestreift, dessen Bekanntschaft ich schon immer gern hatte machen wollen und den ich sofort erkannte, obwohl ich ihn nie gesehen hatte. Er hatte zweifellos das gleiche Verlangen mir gegenüber; denn er blinzelte mir mit den Augen so bedeutungsvoll zu, daß ich mich beeilte, dem Wink zu gehorchen. Ich folgte ihm mit gespannter Aufmerksamkeit und trat bald hinter ihm her in eine unterirdische, von blendendem Licht erfüllte Wohnung, die in einer Pracht glänzte, von der keine der über der Erde liegenden Wohnungen von Paris auch nur ein annäherndes Beispiel geben könnte. Es kam mir ganz merkwürdig vor, daß ich so oft an diesem wunderbaren Schlupfwinkel hatte vorübergehen können, ohne seinen Eingang zu ahnen. Es herrschte dort eine köstliche, wenn auch zu Kopf steigende Luft, die fast augenblicklich alle ärgerlichen Gräßlichkeiten des Lebens vergessen ließ; man atmete dort eine düstere Seligkeit, ähnlich der, welche die Lotusesser verspüren mochten, als sie nach der Landung auf einer verzauberten, vom Licht eines ewigen Nachmittags erhellten Insel, zu den einschläfernden Tönen melodisch klingender Wasserfälle, den Wunsch in sich aufsteigen fühlten, ihre Heimat, ihre Frauen, ihre Kinder niemals wiederzusehen und niemals wieder die hohen Wogen des Meeres zu befahren.

Es gab dort seltsame, von verhängnisvoller Schönheit gezeichnete Gesichter von Männern und Frauen, die ich, wie es mir vorkam, schon einmal in Zeiten und in Ländern gesehen hatte, an die ich mich unmöglich genau erinnern konnte und zu denen ich mich eher brüderlich hingezogen fühlte, als daß ich vor ihnen jene Furcht empfand, wie sie beim Anblick des Unbekannten zu entstehen pflegt. Wenn ich auf irgendeine Weise versuchen wollte, den merkwürdigen Ausdruck ihrer Blicke zu erklären, so würde ich sagen, daß ich niemals Augen gesehen habe, die in Abscheu vor der Langeweile und in dem unsterblichen Verlangen, sich leben zu fühlen, stärker glänzten.

Mein Wirt und ich, wir waren, als wir uns setzten, bereits alte gute Freunde. Wir aßen, wir tranken geradezu unmäßig alle möglichen Sorten erstaunlicher Weine und, was nicht weniger merkwürdig war, es schien mir, daß ich, nach einigen Stunden, nicht berauschter war als er. Unterdessen hatte das Spiel, dieses übermenschliche Vergnügen, unsere häufigen Trankopfer zu mehreren Malen unterbrochen, und ich muß sagen, daß ich um meine im Spiel eingesetzte Seele mit heldenhafter Unbekümmertheit und Leichtfertigkeit gespielt und sie verloren hatte. Die Seele ist ein so ungreifbares, so oft unnützes und manchmal so lästiges Ding, daß ich, angesichts dieses Verlustes, mich noch etwas weniger aufregte, als wie wenn ich bei einem Spaziergang meine Visitenkarte verloren hätte.

Wir rauchten lange einige an Geschmack und Wohlgeruch unvergleichliche Zigarren, die in der Seele das Heimweh nach unbekannten Ländern und Glückseligkeiten erweckten, und, berauscht von all diesen Wonnen, wagte ich es, in einem Anfall von Vertraulichkeit, der ihm nicht zu mißfallen schien, eine bis zum Rand gefüllte Schale zu erheben und auszurufen: »Auf Ihre unsterbliche Gesundheit, alter Bock!«

Wir sprachen auch von der Welt, ihrer Erschaffung und zukünftigen Zerstörung; von den großen Gedanken des Jahrhunderts, nämlich von Fortschritt und Vervollkommnung und überhaupt von allen Formen der menschlichen Eitelkeit. Seine Hoheit war unerschöpflich in leichten und unwiderleglichen Scherzen gerade über diesen Gegenstand und drückte sich mit solcher sprachlichen Anmut und so drolliger Ruhe aus, wie ich es bei keinem der berühmtesten Plauderer der Menschheit gefunden habe. Sie erklärte mir die Widersinnigkeit der verschiedenen philosophischen Lehren, die bis zur Gegenwart vom menschlichen Gehirn Besitz ergriffen hatten und geruhte sogar mir einige wichtige Grundsätze anzuvertrauen, deren Besitz und Vorteile mit irgend jemandem zu teilen ich nicht willens bin, wer immer es auch sei. Sie beklagte sich auf keine Weise über den schlechten Ruf, den sie überall in der Welt genießt, versicherte mir, daß sie, ja sie, *die* Persönlichkeit sei, der am meisten an der Zerstörung des *Aberglaubens* gelegen sei, und gestand mir, daß sie, soweit ihre eigene Macht in Frage kam, nur ein einziges Mal besorgt gewesen wäre, und zwar an dem Tage, an dem sie hörte, daß ein Prediger, schlauer als seine Mitbrüder, auf der Kanzel ausgerufen hätte: »Liebe Brüder, vergeßt es niemals, wenn ihr den Fortschritt der Aufklärung rühmen hört: die schönste List des Teufels ist es, euch zu überreden, daß er gar nicht existiert!«

Die Erinnerung an diesen berühmten Redner brachte uns natürlich dazu, von den Akademien zu sprechen, und mein seltsamer Tischgenosse versicherte mir, daß er, in vielen Fällen, es nicht verschmähe, der Feder, dem Wort und dem Gewissen der Jugenderzieher seine Offenbarungen einzublasen und daß er fast immer höchst persönlich, wenn auch unsichtbar, allen akademischen Sitzungen beiwohne. Ermutigt von soviel Güte fragte ich ihn, wie es dem lieben Gott ginge und ob er ihn kürzlich gesehen hätte. Er antwortete mir mit einer Unbekümmertheit, in die sich eine gewisse Traurigkeit mischte. »Wir grüßen uns, wenn wir uns begegnen, aber wie zwei alte Edelleute, bei denen eine angeborene Höflichkeit doch die Erinnerung an alten Groll nicht ganz auszulöschen vermag.«

Es ist zweifelhaft, ob Seine Hoheit jemals einem einfachen Sterblichen eine so lange Audienz gewährt hat, und ich fürchtete, lästig zu fallen. Zuletzt, als schon die erschauernde Morgendämmerung die Fensterscheiben erbleichen ließ, sagte diese berühmte Persönlichkeit, die so viele Dichter besungen und der so viele Philosophen gedient haben, die für seinen Ruhm arbeiten, ohne es zu wissen, zu mir: »Ich möchte, daß Sie mich in gutem Andenken behalten und will Ihnen beweisen, daß ich, dem man soviel Böses nachsagt, manchmal *ein guter Kerl von Teufel* bin, um mich einer Ihrer landläufigen Redensarten zu bedienen. Um den unwiderruflichen Verlust Ihrer Seele auszugleichen, gewähre ich Ihnen den eingesetzten Preis, den Sie gewonnen hätten, wenn das Glück Ihnen günstig gewesen wäre, nämlich die Möglichkeit, während Ihres ganzen Lebens jene seltsame Krankheit des Überdrusses zu lindern und zu überwinden, sie, die Quelle aller eurer Leiden und eures ganzen elenden Fortschritts. Niemals sollen Sie einen Wunsch hegen, ohne daß ich Ihnen nicht helfe ihn zu verwirklichen: Sie sollen über Ihre gewöhnlichen Mitmenschen herrschen; Sie sollen mit Schmeicheleien und selbst mit Anbetung aller Art bedacht werden, das Silber, das Gold, die Diamanten, die zauberhaften Schlösser sollen zu Ihnen kommen mit

der Bitte sie anzunehmen, ohne daß Sie einen Finger
gerührt hätten, all das zu gewinnen; Sie sollen
Vaterland und Landschaft wechseln so oft Ihre
Laune es Ihnen befiehlt, Sie sollen sich an Wollüsten
berauschen, ohne sich zu ermüden, in entzückenden
Ländern, wo es immer warm ist und wo die Frauen
ebenfalls schön duften wie die Blumen – usw. usw.«,
fügte er hinzu, indem er sich erhob und mich mit
einem freundlichen Lächeln verabschiedete.

Wenn ich nicht Angst gehabt hätte, mich vor einer
so zahlreichen Gesellschaft zu demütigen, so wäre ich
diesem großmütigen Spieler gern zu Füßen gefallen,
um ihm für seine unerhörte Freigebigkeit zu danken.
Doch nach und nach, als ich ihn verlassen hatte,
kehrte das unheilvolle Mißtrauen in meine Brust
zurück; ich wagte nicht mehr an ein so wunderbares
Glück zu glauben, und als ich mich zu Bett legte
und nach alter, noch nicht vergessener einfältiger
Gewohnheit mein Gebet sprach, wiederholte ich im
Halbschlaf: »Lieber Gott! Herr, mein Gott! hilf,
daß der Teufel mir sein Wort hält!«

XXX. Der Strick

Für Edouard Manet

Die Illusionen – sagte mein Freund zu mir –
sind vielleicht ebenso zahllos wie die Beziehungen der Menschen untereinander oder wie die der
Menschen zu den Dingen. Und wenn die Illusion
verschwindet, d. h. wenn wir den Menschen oder die
Tatsache so sehen, wie sie, außerhalb von uns, in
Wirklichkeit sind, überkommt uns ein sehr seltsames
Gefühl, zusammengesetzt halb aus dem Bedauern,
daß das Trugbild verschwunden ist, halb wegen der
angenehmen Überraschung, die wir vor der Neuheit,
der wirklichen Tatsache empfinden. Wenn es eine
klar zu Tage liegende, alltägliche, sich stets gleich
bleibende Erscheinung gibt, über deren Natur man
sich unmöglich täuschen sollte, so ist es die Mutterliebe. Man kann sich ebenso wenig eine Mutter ohne
Mutterliebe vorstellen wie ein Licht ohne Wärme; ist
es also nicht völlig gerechtfertigt, alle Handlungen
und Worte einer Mutter ihrem Kinde gegenüber der
Mutterliebe zuzuschreiben? Und dennoch, hören Sie
diese kleine Geschichte, bei der ich auf eigenartige
Weise von der natürlichsten Illusion genarrt worden
bin.

»Mein Beruf als Maler treibt mich dazu, die
Gesichter und ihre Ausdrucksformen, die sich mir auf

meinem Wege darbieten, aufmerksam zu betrachten, und Sie wissen, welchen Genuß wir aus dieser Fähigkeit ziehen, die unseren Augen das Leben lebendiger und bedeutungsvoller macht als für die anderen Menschen. In dem abgelegenen Viertel, das ich bewohne, wo weite Rasenflächen die Gebäude noch voneinander trennen, beobachtete ich oft einen Knaben, dessen leidenschaftlicher und schalkhafter Gesichtsausdruck, stärker als alle anderen, mich von Anfang an reizte. Er hat mir mehr als einmal Modell gestanden, und ich habe bald einen kleinen Zigeuner, bald einen Engel, bald einen mythologischen Liebesgott aus ihm gemacht. Ich habe ihn die Geige des Landstreichers, die Dornenkrone und die Nägel der Passion und die Fackel des Eros tragen lassen. Schließlich fand ich ein so lebhaftes Vergnügen an dem drolligen Gebaren dieses Burschen, daß ich eines Tages seine Eltern, arme Leute, bat, ihn mir zu überlassen gegen das Versprechen, ihn ordentlich zu kleiden, ihm etwas Geld zu geben und ihm keine andere Arbeit aufzuerlegen als meine Pinsel zu reinigen und meine Besorgungen zu machen. Der Junge, sauber gewaschen, wurde ganz reizend, und das Leben, das er bei mir führte, schien ihm wie ein Paradies im Vergleich zu dem, das er in der väterlichen Bude hätte ertragen müssen. Nur muß ich sagen, daß der kleine Kerl mich manchmal in Erstaunen versetzte dadurch, daß er an seltsamen Zuständen frühreifer

Traurigkeit litt und bald eine unmäßige Vorliebe für Zucker und Liköre verriet; so geschah es, daß ich eines Tages, als ich, ungeachtet meiner zahlreichen Warnungen, wieder einmal einen solchen Raub feststellte, ihm androhte ihn wieder zu seinen Eltern zurückzuschicken. Dann ging ich aus, und da ich allerlei zu tun hatte, kam ich erst ziemlich spät nach Hause.

»Welches Entsetzen und welche Erschütterung überfiel mich, als der erste Gegenstand, auf den bei der Rückkehr meine Augen fielen, mein kleiner Freund war, der schelmische Gefährte meines Lebens, aufgehängt an der Tür dieses Schrankes! Seine Füße berührten fast den Boden, ein Stuhl, den er ohne Zweifel mit dem Fuß weggestoßen hatte, lag, umgeworfen, neben ihm, sein Kopf war krampfhaft auf eine Schulter geneigt; sein Gesicht, aufgedunsen, und seine Augen, in erschreckender Starrheit weit geöffnet, ließen mich zuerst glauben, daß er noch lebte. Ihn abzunehmen war kein so leichtes Geschäft, das können Sie mir glauben. Er war schon ganz steif, und ich empfand einen unerklärlichen Widerwillen, ihn plötzlich und hart auf den Boden fallen zu lassen. Ich mußte den ganzen Körper mit einem Arm stützen und mit der Hand des anderen Armes den Strick abschneiden. Aber selbst damit war noch nicht alles geschafft; das kleine Ungeheuer hatte eine sehr dünne Schnur benutzt, die sich tief ins Fleisch eingeschnitten hatte, und ich mußte erst mit einer dünnen Schere den Strick zwischen den beiden Wülsten der angeschwollenen Haut heraussuchen, um ihm den Hals freizumachen.

»Ich vergaß, Ihnen zu sagen, daß ich laut um Hilfe gerufen hatte; aber alle meine Nachbarn hatten sich geweigert mir Beistand zu leisten, getreu den Gewohnheiten des gesitteten Menschen, der niemals, ich weiß nicht warum, mit einem Gehenkten zu tun haben will. Endlich erschien ein Arzt, der feststellte, daß der Tod des Jungen vor mehreren Stunden erfolgt sei. Als wir ihn später für das Begräbnis zu entkleiden hatten, war die Todesstarre so weit vorgeschritten, daß wir, ohne jede Hoffnung die Glieder biegen zu können, die Kleider aufreißen und zerschneiden mußten, um sie ihm abzunehmen.

»Der Polizeikommissar, dem ich natürlich das Unglück melden mußte, sah mich von der Seite an und sagte: ›Eine etwas verdächtige Sache!‹, veranlaßt, wahrscheinlich durch alteingewurzelten Drang und Berufsgewohnheit, aufs Geratewohl, dem Unschuldigen wie dem Schuldigen Angst einzujagen.

»Blieb noch eine letzte Aufgabe zu erfüllen, die mir, wenn ich bloß daran dachte, schreckliche Beklemmung verursachte: ich mußte seine Eltern benachrichtigen. Meine Füße weigerten sich, mich zu ihnen zu tragen. Schließlich fand ich den Mut dazu. Aber zu meiner großen Verwunderung blieb die

Mutter ganz gefühllos; nicht eine Träne sickerte aus ihrem Augenwinkel. Ich schob dieses seltsame Verhalten auf das Entsetzen, das sie verspüren mußte, und erinnerte mich dabei an das bekannte Sprichwort: ›Die schlimmsten Schmerzen sind die stummen Schmerzen.‹ Der Vater begnügte sich mit halb stumpfer, halb verträumter Miene zu sagen: ›Schließlich ist es vielleicht besser so; es hätte auf jeden Fall ein schlimmes Ende mit ihm genommen!‹

Unterdessen lag der Tote auf meinem Sofa, und ich war gerade dabei, unter Beistand einer Bedienerin, die letzten Vorbereitungen zu treffen, als die Mutter in mein Atelier trat. Sie möchte, sagte sie, den Leichnam ihres Sohnes sehen. Ich konnte sie wahrhaftig nicht verhindern, sich von ihrem Unglück berauschen zu lassen und ihr diesen letzten, düsteren Trost zu versagen. Sie bat mich ihr die Stelle zu zeigen, an der ihr Kleiner sich erhängt hatte. ›Oh! nein! liebe Frau‹, – antwortete ich ihr, – ›das würde Sie quälen.‹ Und wie meine Augen unwillkürlich auf den Unglücksschrank fielen, sah ich mit Grauen, Schrecken und Zorn, daß der Nagel in der Tür stecken geblieben war, mit einem langen Stück des Strickes, der noch an ihm hing. Mit raschem Griff gelang es mir, diese letzten Spuren des Unglücks abzureißen, aber wie ich sie aus dem Fenster werfen wollte, packte mich das arme Weib am Arm und sagte mit einer Stimme, der ich nicht widerstehen konnte: ›Oh! Lieber Herr! Überlassen Sie mir das! Ich bitte Sie! Ich flehe Sie an!‹ Ihre Verzweiflung hatte sie wohl, so schien es mir, derart von Sinnen gebracht, daß sie ihre Zärtlichkeit jetzt den Dingen zuwandte, die den Tod ihres Sohnes herbeigeführt hatten, um sie als ein schreckliches und teures Andenken zu behalten. – Und sie bemächtigte sich des Nagels an der Schnur.

»Endlich! Endlich! Alles war vollbracht. Ich selbst hatte nichts anderes zu tun, als mich wieder an die Arbeit zu machen, eifriger noch als sonst, um allmählich diesen kleinen Leichnam, der die letzten Windungen meines Gehirns heimsuchte und dessen Gespenst mich mit seinen großen starren Augen quälte, zu verjagen. Doch tags darauf erhielt ich ein ganzes Paket von Briefen, einige von den Hausbewohnern, andere aus den Nachbarhäusern; einen aus dem ersten Stockwerk, andere aus dem zweiten und dritten und so fort, die einen in halb scherzhaftem Stil, als ob die Schreiber versuchen wollten, die Aufrichtigkeit ihrer Bitte unter augenscheinlichem Geschwätz zu verbergen, die anderen voll plumper Unverschämtheit und voll von Rechtschreibungsfehlern, aber alle verrieten die gleiche Absicht: sie wollten ein Stück des unheilvollen und zur Seligkeit verhelfenden Strickes von mir erlangen. Ich muß sagen, daß sich unter den Unterzeichneten mehr Frauen als Männer befanden; aber nicht alle, glauben Sie mir, gehörten der niedrigsten Klasse des Volkes an. Ich habe diese Briefe aufbewahrt.

»Und da, plötzlich, wurde es Licht in meinem Gehirn, und ich begriff, warum der Mutter soviel daran gelegen war, mir die Schnur zu entreißen und mit welchem Handel sie sich zu trösten beabsichtigte.«

XXXI. DIE BERUFUNGEN

In einem schönen Garten, wo sich die Strahlen einer herbstlichen Sonne gern zu verweilen schienen, unter einem schon grünlichen Himmel, an dem goldene Wolken dahinschwebten, wie Erdteile auf Reisen, plauderten, wohl müde vom Spielen, vier schöne Kinder, vier Knaben, miteinander.

Der eine sagte: »Gestern hat man mich mit ins Theater genommen. In großen und traurigen Palästen, wo man ganz hinten das Meer und den Himmel sieht, sprechen Männer und Frauen, ernst und traurig auch sie, aber viel schöner und viel besser gekleidet als diejenigen, die wir überall sehen, mit singender Stimme. Sie drohen einander, sie flehen sich an, sie geraten in Verzweiflung und sie stützen ihre

Hand oft auf einen in ihrem Gürtel steckenden Dolch. Ach! Das ist wunderschön! Die Frauen sind viel schöner und viel größer als diejenigen, die uns daheim besuchen, und wenn sie auch mit ihren großen hohlen Augen und ihren glühenden Wangen schrecklich anzuschauen sind, man kann nicht anders, man muß sie lieb haben. Man fürchtet sich, man möchte weinen, und dennoch ist man glücklich ... Und außerdem, was noch merkwürdiger ist, das erweckt in einem die Lust, ebenso gekleidet zu sein, dasselbe zu sagen und zu tun und mit der gleichen Stimme zu sprechen.«

Eins der vier Kinder, das seit einigen Sekunden der Rede seines Kameraden nicht mehr zuhörte und mit erstaunlicher Aufmerksamkeit irgendeinen Punkt am Himmel beobachtete, sagte plötzlich: »Seht nur, seht dort! Seht ihr *ihn*? Er sitzt auf dieser kleinen einsamen Wolke, auf dieser kleinen feuerfarbenen Wolke, die so still dahinzieht, es ist, als ob Er, auch *Er* uns zuschaute.«

»Aber wer denn?« fragten die anderen.

»Gott!« erwiderte er in einem Ton, aus dem vollste Überzeugung sprach. »Ach! Er ist schon weit weg; gleich könnt ihr ihn nicht mehr sehen. Sicher reist er, um alle Länder zu besuchen. Seht, gleich wird er hinter dieser Baumreihe, dort, fast am Horizont, verschwinden ... und jetzt steigt er hinter dem Kirchturm nieder ... Ach! Man kann ihn nicht mehr sehen!« Und lange stand das Kind so da, nach der gleichen Richtung gekehrt, und starrte nach dem Streifen, der die Erde vom Himmel trennt, mit Augen, in denen ein unaussprechlicher Ausdruck von Begeisterung und Bedauern glänzte.

»Ist er albern, der da, mit seinem lieben Gott, den er allein sehen kann!« sagte darauf der dritte, dessen ganze kleine Person eine merkwürdige Lebendigkeit und Lebenskraft aufwies. »Ich, ich will euch erzählen, wie ich neulich etwas erlebt habe, was ihr noch niemals erlebt habt und was ein bißchen interessanter ist als euer Theater und eure Wolken. – Vor einigen Tagen nahmen meine Eltern mich mit auf Reisen, und da es in dem Gasthof, in dem wir übernachteten, nicht genug Betten für uns alle gab, so wurde beschlossen, daß ich mit meinem Kindermädchen in einem Bett schlafen sollte.« – Er zog seine Kameraden näher an sich heran und sprach mit leiserer Stimme. – »Das ist ein ganz seltsames Gefühl, kann ich euch sagen, nicht allein zu liegen und mit seinem Kindermädchen in einem Bett zu sein, in der Dunkelheit. Da ich nicht einschlafen konnte, vergnügte ich mich damit, während sie schlief, meine Hand auf ihre Arme, auf ihren Hals und ihre Schultern zu legen. Ihre Arme und ihr Hals sind viel dicker als bei allen anderen Frauen, und ihre Haut ist so weich, so weich, man möchte glauben, es wäre Briefpapier oder Seidenpapier. Ich fand so viel Vergnügen daran, daß ich noch länger fortgemacht hätte, aber ich hatte Angst, zuerst Angst, sie aufzuwecken, und dann auch Angst, ja, ich weiß nicht, vor was. Dann steckte ich meinen Kopf in ihre Haare, die ihr in den Rücken hingen, dicht wie eine Mähne, und sie rochen so gut, ich versichere euch, wie die Blumen in diesem Garten, jetzt in dieser Stunde. Versucht, wenn ihr könnt, es ebenso zu machen wie ich, ihr werdet dann schon sehen!«

Dem jungen Erzähler dieser erstaunlichen Offenbarung standen, während er seinen Bericht vorbrachte, die Augen weit offen infolge einer Art von Verblüffung über das, was er immer noch empfand, und die Strahlen der untergehenden Sonne zündeten, während sie durch die roten Locken seines struppigen Haares flimmerten, dort so etwas wie einen schwefligen Glorienschein von Leidenschaft an. Es war leicht zu erraten, daß dieser da sein Leben nicht damit verlieren würde, die Gottheit in den Wolken zu suchen, und daß er sie häufig genug anderswo finden würde.

Zuletzt sagte der Vierte: »Ihr wißt, daß ich zu Hause kaum eine Unterhaltung habe; man läßt mich niemals ins Theater gehen; mein Vormund ist zu geizig. Gott gibt sich nicht mit mir und meiner Langeweile ab, und ich habe kein schönes Kindermädchen, um mich zu hätscheln. Es ist mir oft so vorgekommen, als ob mein Vergnügen darin läge, immer nur gerade vor mich hinzugehen, ohne zu wissen, wohin, ohne daß jemand sich darüber beunruhigte, und immer neue Länder zu sehen. Niemals bin ich glücklich da, wo ich bin, und ich glaube immer, daß ich glücklicher da wäre, wo ich nicht bin. Und denkt nur, auf der letzten Kirchmeß des Nachbardorfes habe ich drei Männer gesehen, die so leben, wie ich leben möchte. Ihr anderen habt nicht auf sie geachtet. Sie waren groß, fast schwarz und sehr stolz, wenn auch in Lumpen; sie sahen aus, als ob sie keinen Menschen nötig hätten. Ihre großen, dunklen Augen glänzten hell auf, während sie Musik machten, eine Musik, so überwältigend, daß sie Lust erweckte bald zu tanzen, bald zu weinen oder beides zugleich zu tun, und daß man verrückt werden könnte, wenn man ihr allzu lange zuhörte. Der eine, wie er den Bogen langsam über seine Geige zog, schien einen Kummer zu erzählen, und der andere, indem er seinen kleinen Hammer auf den Saiten eines kleinen Klaviers hin und her hüpfen ließ, das, mit einem Riemen befestigt, an seinem Halse hing, sah aus, als ob er sich über das Klagelied seines Freundes lustig machte, während der Dritte von Zeit zu Zeit seine Zimbeln mit außerordentlicher Heftigkeit gegeneinander schlug. Sie waren so zufrieden mit sich selbst, daß sie ihre wilde Musik noch weiter spielten, sogar als die Menge sich schon längst verlaufen hatte. Zuletzt lasen sie ihre Pfennige zusammen, luden ihr Gepäck auf den Rücken und zogen ab. Ich, weil ich wissen wollte, wo sie wohnten, folgte ihnen von weitem, bis an den Waldrand, wo ich erst begriff, daß sie nirgends wohnten.

Da sagte der eine: ›Sollen wir das Zelt aufschlagen?‹

›Ach was! Nein!‹ antwortete der andere; ›die Nacht ist doch so schön!‹

Der Dritte, indem er die Einnahme zählte, sagte: ›Diese Menschen da haben kein Gefühl für Musik, und ihre Frauen tanzen wie Bären. Gottseidank, in weniger als einem Monat sind wir in Österreich, wo wir auf liebenswürdigere Leute treffen werden.‹

›Wir täten vielleicht besser daran, nach Spanien zu gehen, jetzt, wo die Jahreszeit vorrückt; reißen wir aus, ehe der Regen kommt, und feuchten wir nur unsere Kehle an‹, sagte einer der beiden anderen.

Ich habe alles behalten, wie ihr seht. Dann, nachdem jeder noch ein Glas Branntwein getrunken hatte, legten sie sich schlafen, mit dem Gesicht gegen die Sterne. Zuerst hatte ich Lust, sie zu bitten, mich mitzunehmen und mir beizubringen, ihre Instrumente zu spielen; aber ich hab es dann doch nicht gewagt, zweifellos, weil es immer sehr schwer ist, sich für irgend etwas zu entscheiden, und auch, weil ich fürchtete erwischt zu werden, ehe wir Frankreich verlassen hätten.«

Die geringe Teilnahme der drei anderen Kameraden ließ mich vermuten, daß dieser kleine Junge schon jetzt ein *Unverstandener* war. Ich sah ihn mir aufmerksam an. Er trug in seinen Augen und auf seiner Stirn jenes geheimnisvolle Kennzeichen verhängnisvoller Frühreife, das dem, der es trägt, die Herzen der Menschen meist entfremdet, mich aber, ich weiß nicht warum, so stark anzog, daß ich einen Augenblick die phantastische Vorstellung hatte, in ihm einen mir selbst unbekannten Bruder gewinnen zu können.

Die Sonne war untergegangen. Die feierliche Nacht hatte sich niedergelassen. Die Knaben trennten sich, ahnungslos ging jeder, je nach den Umständen und Zufällen, seiner Bestimmung entgegen, um zu reifen, seinen Nächsten ein Ärgernis zu geben und dem Ruhm oder der Schande zuzustreben.

XXXII. DER THYRSUS

An Franz Liszt

Was ist ein Thyrsus? Im geistigen und dichterischen Sinne ist er ein heiliges Wahrzeichen in der Hand der Priester und Priesterinnen, wenn sie die Gottheit feiern, deren Dolmetsch und Diener sie sind. Doch seiner Natur nach ist er nur ein Stab, ein einfacher Stab, Hopfenstange, Rebenpfahl, trocken, hart und gerade. Um diesen Stab herum spielen mutwillig, in launisch-anmutigen Windungen, Stengel und Blumen, die einen geschlängelt und fliehend, die anderen geneigt, wie Glocken oder umgekehrte Becher. Und ein wunderbarer Glanz springt auf aus diesem Zusammenklang von Linien und Farben, zarten oder leuchtenden. Sieht es nicht aus, als ob die gekrümmte und die Schneckenlinie der geraden Linie den Hof machten und in stummer Anbetung um sie herum tanzten? Sieht es nicht aus, als ob alle diese feinen Blumenkronen, alle diese Kelche, Ausbrüche von Düften und Farben, einen mystischen Fandango um diesen priesterlichen Stab ausführten? Und wo ist der törichte Sterbliche, der es wagen dürfte, zu entscheiden, ob die Blumen und die Weinranken für den Stab gemacht sind, oder ob der Stab nur der Vorwand ist, um die Schönheit der Blumen und Ranken zu weisen? Der Thyrsus ist das Symbol Ihrer wunderbaren Doppelnatur, machtvoller und verehrter Meister, teurer Bacchuspriester der geheimnisvollen und leidenschaftlichen Schönheit. Niemals hat eine vom unbezwinglichen Bacchus hingerissene Nymphe ihren Thyrsus über die Häupter ihrer rasenden Gefährtinnen mit soviel Kraft und launischer Anmut geschwungen, wie Sie Ihre Meisterkraft über die Herzen Ihrer Brüder wehen lassen. – Der Stab, das ist Ihr gerader, fester, unerschütterlicher Wille; die Blumen, das ist das Schweifen Ihrer Phantasie um Ihren Willen, das ist das Weibliche, das seine blendenden Wirbeltänze um das Männliche vollführt. Gerade Linie und zierlich verschlungene Linie, Absicht und Ausdruck, Starrheit des Willens, Geschmeidigkeit des Wortes, Einheit des Zieles, Vielfalt der Mittel, allmächtige und unteilbare Verschmelzung der Kräfte des Genies, wer ist der zergliedernde Kritiker, der den abscheulichen Mut hätte, euch zu teilen und euch zu trennen.

Lieber Liszt, durch die Nebel hindurch, jenseits der Ströme, über die Städte hinweg, überall, wo die Klaviere Ihren Ruhm singen, wo der Druck Ihre Weisheit übersetzt, wo immer Sie weilen, im Glanz der ewigen Stadt oder in den Nebeln der verträumten Länder, die Gambrinus tröstet; wenn Sie Gesänge der Lust oder unsagbaren Schmerzes hervorzaubern, oder wenn Sie dem Papier Ihre verwirrenden Grübeleien anvertrauen, Sänger der ewigen Wollust und Angst, Philosoph, Dichter und Künstler, ich grüße Sie in Ihrer Unsterblichkeit.

Man muß immer trunken sein. Darin liegt alles: das ist die einzige Frage. Um nicht die fürchterliche Bürde der Zeit zu spüren, die eure Schultern zerbricht und euch zu Boden drückt, müßt ihr euch trunken machen ohn Unterlaß.

Doch womit? Mit Wein, Poesie oder mit Tugend, wie es euch gefällt. Doch macht euch trunken.

Und wenn ihr manchmal auf den Stufen eines Palastes, auf dem grünen Gras eines Grabens, in der trübseligen Einsamkeit eurer Kammer aufwacht und die Trunkenheit schon schwächer geworden oder verschwunden ist, dann fragt den Wind, die Welle, den Stern, den Vogel, die Uhr, alles, was flieht, alles, was seufzt, alles, was rollt, alles, was singt, alles, was spricht, welche Stunde es geschlagen hat; und der Wind, die Welle, der Stern, der Vogel, die Uhr werden euch antworten: »Es ist die Stunde, sich trunken zu machen! Wenn ihr nicht die gequälten Sklaven der Zeit sein wollt, macht euch trunken, ohn Unterlaß! Mit Wein, mit Poesie, mit Tugend, wie es euch gefällt.«

XXXIV. SCHON!

Hundertmal schon war die Sonne, strahlend oder voll Trauer, aus diesem unendlichen Becken des Meeres aufgestiegen, dessen Rand man kaum erspähen kann, hundertmal war sie wieder, funkelnd oder mürrisch, in ihrem unendlichen, abendlichen Bad untergetaucht. Seit vielen Tagen konnten wir die andere Seite des Sternengewölbes betrachten und das himmlische Alphabet der Menschen der anderen Halbkugel entziffern. Und alle Mitreisenden ächzten und murrten. Es war, als ob die Nähe des festen Landes ihre Leiden bis zur Verzweiflung steigerte. »Wann nur«, sagten sie, »werden wir aufhören einen Schlaf zu schlafen, der von den Wellen geschüttelt, von einem Wind, der lauter schnarcht als wir, gestört wird? Wann werden wir Fleisch essen, das nicht gesalzen ist, wie das abscheuliche Element, das uns trägt? Wann werden wir in einem unbeweglichen Lehnstuhl verdauen können?«

Einige waren unter uns, die an ihre Häuslichkeit dachten, die sich nach ihren ungetreuen und verdrießlichen Frauen, nach ihren schreienden Sprößlingen sehnten. Alle hatte das Bild des fernen Landes so verrückt gemacht, daß sie, glaube ich, Gras gegessen hätten mit größerer Begeisterung als die Tiere.

Endlich wurde ein Strand gesichtet; und wir sahen, als wir uns ihm näherten, daß es ein herrliches, in blendendem Glanze liegendes Land war. Es war, als ob alle Klänge des Lebens sich in einem verworrenen Gemurmel von ihm loslösten und daß von seinen Küsten, reich an mannigfachem Grün, ein köstlicher Duft von Blumen und Früchten sich meilenweit ergösse.

Alsbald wurde ein jeder fröhlich gestimmt, jeder entsagte seiner schlechten Laune. Alle Zwistigkeiten wurden vergessen, jedes Unrecht, das man sich angetan hatte, wurde verziehen. Die verabredeten Zweikämpfe wurden aus dem Gedächtnis gestrichen, und aller Groll zerstob wie Rauch.

Ich allein war traurig, unbegreiflich traurig. Einem Priester gleich, dem man seine Gottheit entrisse, vermochte ich mich nicht, ohne herzzerreißende Bitternis, von diesem so ungeheuerlich verführerischen Meer zu lösen, von diesem Meer, das in seiner erschreckenden Einfachheit so unendlich verschieden ist und in sich und seinen Spielen, seinen Bewegungen, seinem Zorn und seinem Lächeln die Gemütsart, die Todesängste und die Verzückungen aller Seelen zu enthalten und darzustellen scheint, die je gelebt haben, leben und leben werden.

Und als ich von dieser unvergleichlichen Schönheit Abschied nahm, fühlte ich mich auf den Tod ermattet, und daher, als alle meine Gefährten sagten: »Endlich!« konnte ich nur rufen: »Schon!«

Und doch war es die Erde, die Erde mit ihren Geräuschen, ihren Leidenschaften, ihren Bequemlichkeiten, ihren Festen; es war eine reiche und prächtige Erde, voll von Versprechungen, die uns einen geheimnisvollen Duft von Rosen und Moschus schickte und aus der die Klänge des Lebens in liebendem Geflüster zu uns drangen.

XXXV. DIE FENSTER

Wer von außen her durch ein offenes Fenster blickt, sieht niemals so viel Dinge wie einer, der ein geschlossenes Fenster betrachtet. Es gibt nichts Tieferes, Geheimnisvolleres, Ergiebigeres, nichts, das mehr von Finsternis und blendendem Glanz erfüllt wäre als ein von einer Kerze erleuchtetes Fenster. Was man im Sonnenlicht sehen kann, ist immer der Aufmerksamkeit weniger würdig als das, was hinter einer Fensterscheibe vorgeht. In diesem schwarzen oder leuchtenden Loch lebt das Leben, träumt das Leben, leidet das Leben.

Jenseits des Gewoges der Dächer sehe ich eine reife, schon runzelige arme Frau, die stets über ir-

gend etwas gebeugt ist und nie das Haus verläßt.
Mit Hilfe ihres Gesichtes, ihrer Kleidung, ihres Ge-
barens, mit fast nichts, habe ich die Geschichte dieser
Frau oder vielmehr ihre Legende nachgebildet, und
manchmal erzähle ich sie mir unter Tränen.

Wäre es ein armer alter Mann gewesen, hätte ich
seine Geschichte ebenso leicht nachgebildet.

Und ich lege mich schlafen, stolz darauf, in anderen als in mir selbst gelebt und gelitten zu haben.

Vielleicht werden Sie mir sagen: »Bist du von der
Wahrheit dieser Legende überzeugt?« Was macht es
schon, wie die Wirklichkeit außer mir aussieht, wenn
sie mir nur geholfen hat zu leben, zu fühlen, daß ich
bin und was ich bin?

XXXVI. Sehnsucht zu malen

Unglücklich vielleicht der Mensch, doch glücklich
der Künstler, den die Sehnsucht zerreißt.

Ich brenne darauf, sie zu malen, die mir so selten
erschienen und so bald entflohen ist, wie ein schönes,
schmerzlich vermißtes Ding, hinter dem in die Nacht

entführten Reisenden. Wie lange schon ist es her, daß sie entschwunden ist!

Sie ist schön und mehr als schön; sie ist voll von Überraschungen. Schwarz wiegt in ihr vor: und alles, was sie einem offenbart, ist nächtlich und tief. Ihre Augen sind zwei Höhlen, in denen, wie durch Nebel, das Geheimnis glitzert, und ihr Blick leuchtet auf wie der Blitz: ein Feuerausbruch in der Finsternis.

Ich würde sie mit einer schwarzen Sonne vergleichen, wenn man sich ein schwarzes, das Glück und das Licht ausgießendes Gestirn vorstellen könnte. Doch sie läßt eher an den Mond denken, der sie mit seinem bedrohlichen Einfluß gezeichnet haben muß; nicht der weiße Mond der Idyllen, der einer kalten Braut gleicht, sondern der böse und berauschende, in der Tiefe einer Gewitternacht schwebende, und von den eilenden Wolken gerüttelte Mond; nicht der friedliche, verschwiegene Mond, der den Schlaf der reinen Menschen besucht, sondern der dem Himmel entrissene, besiegte und aufrührerische Mond, den die thessalischen Hexen in harter Nötigung zwingen, auf dem erschreckten Grase zu tanzen.

In ihrer schmalen Stirn wohnen hartnäckiger Wille und Raublust. Doch unten an diesem beunruhigenden Gesicht, wo bewegliche Nasenflügel das Unbekannte und das Unmögliche einsaugen, leuchtet, mit unaussprechlicher Anmut, das Lachen aus einem großen, roten und weißen und entzückenden Munde, der von dem Wunder einer prachtvollen Blume träumen läßt, aufgeblüht auf vulkanischer Erde.

Es gibt Frauen, die man besiegen und derer man sich in Liebe erfreuen möchte; aber bei ihr sehnt man sich danach, unter ihrem Blick langsam zu sterben.

XXXVII. Die Wohltaten des Mondes

Der Mond, der die Launenhaftigkeit selbst ist, sah durchs Fenster, während du in deiner Wiege schliefst und sagte zu sich: »Dieses Kind gefällt mir.«

Und er stieg weich und leise seine Wolkentreppe hinab und ging lautlos durch die Fensterscheiben hindurch. Dann breitete er sich mit der anschmiegenden Zärtlichkeit einer Mutter über dich und legte seine Farben auf dein Angesicht. Davon sind deine Augäpfel grün geblieben und deine Wangen ungewöhnlich bleich. Weil du diesen Besucher angeschaut hast, sind deine Augen so seltsam groß geworden, und er hat dir so zärtlich die Kehle geschnürt, daß du darum nun immer weinen möchtest.

Der Mond indessen, in der Ausgelassenheit seiner Freude, füllte das ganze Zimmer aus, wie Phosphordunst, wie ein leuchtendes Gift; und all dies lebendige Licht dachte und sprach: »Ewig wirst du die Wirkung meines Kusses verspüren. Du wirst schön sein auf meine Art. Du wirst lieben, was ich liebe und was mich liebt: das Wasser, die Wolken, das Schweigen und die Nacht, das unermeßliche grüne Meer, das gestaltlose und vielgestaltige Wasser, die Stätte, wo du nicht sein, den Geliebten, den du nicht kennen wirst, die ungeheuerlichen Blumen, die Düfte, die Fieberträume bringen, die Katzen, die sich wohlig auf den Klavieren rekeln und wie die Frauen seufzen, mit heiserer und sanfter Stimme!

»Und du wirst geliebt werden von meinen Geliebten, umschmeichelt von denen, die mir schmeicheln. Du wirst Königin sein der Männer mit den grünen Augen, deren Kehle ich, wie die deine, in meinen nächtlichen Zärtlichkeiten geschnürt habe; derer, die das Meer lieben, das unermeßliche, stürmische, grüne Meer, das gestaltlose und vielgestaltige Wasser, die Stätte, wo sie nicht sind, die Frau, die sie nicht kennen, die unheilvollen Blumen, die den Weihrauchfässern einer unbekannten Religion gleichen, die Düfte, die den Willen verwirren und die wilden wollüstigen Tiere, die Sinnbilder ihrer Tollheit.«

Und darum, verwünschtes, liebes, verwöhntes Kind, liege ich jetzt zu deinen Füßen und suche überall in deinem Wesen den Widerschein der furchtbaren Gottheit, der prophetischen Patin, der giftspendenden Amme aller Süchtigen des Mondes.

XXXVIII. Welche ist die Wahre?

Ich habe ein Mädchen, Benedikta mit Namen, gekannt, das die Luft mit Traumbildern erfüllte und deren Augen die Sehnsucht nach Größe, Schönheit, Ruhm und allem, was an die Unsterblichkeit glauben läßt, verbreitete.

Aber dieses wunderbare Mädchen war zu schön, um lange zu leben, und so ist sie denn wenige Tage, nachdem ich ihre Bekanntschaft gemacht hatte, gestorben, und ich selbst bin es, der sie, eines Tages, als der Frühling sein Weihrauchfaß sogar über die Friedhöfe schwang, begraben hat. Ich bin es, der sie begraben hat, gut eingeschlossen in einen Sarg aus duftigem Holz und unzerstörbar wie die Schreine Indiens.

Und als meine Augen noch auf der Stätte lagen, in der mein Schatz verborgen war, erblickte ich mit einem Male eine kleine Gestalt, die der Toten merkwürdig glich, und, mit seltsam überreizter Wut auf die frische Erde stampfend, in Lachen ausbrach und sagte: »Ich, ich bin die wahre Benedikta! Ich! Ein feines Biest! Und als Strafe für Deine Narrheit und Verblendung sollst Du mich lieben, so wie ich bin!«

Ich aber, voller Empörung, erwiderte ihr: »Nein! nein! nein!« Und um meiner Weigerung um so stärkeren Nachdruck zu verleihen, stampfte ich mit solcher Gewalt auf die Erde, daß mein Bein bis zum Knie in der frischen Grube stecken blieb, und ich, wie ein in der Falle gefangener Wolf, gefesselt blieb, für immer vielleicht, im Grabe des Ideals.

XXXIX. VOLLBLUT

Sie ist sehr häßlich. Sie ist dennoch herrlich! Die Zeit und die Liebe haben sie mit ihren Krallen gezeichnet und sie grausam gelehrt, was jede Minute und jeder Kuß an Jugend und Frische hinwegtragen.

Sie ist wirklich häßlich. Sie ist Ameise, Spinne, wenn Sie wollen, sogar Skelett; aber sie ist auch Liebestrank, Zauberpulver, Hexenkraft! Kurz, sie ist das Erlesenste selbst.

Die Zeit hat weder das behende Gleichmaß ihres Ganges, noch die unzerstörbare Feinheit ihres Gliederbaus zerbrechen können. Die Liebe hat die Süße ihres Kinderatems nicht verdorben; die Zeit hat nichts weggerissen von der Fülle ihres Haares, dem mit dem Duft eines wilden Tieres die ganze teuflische Lebenskraft des französischen Südens entströmt: Nîmes, Aix, Arles, Avignon, Narbonne, Toulouse, Städte, von der Sonne gesegnet, zauberhafte Städte der Liebe!

Die Zeit und die Liebe haben sie mit ihren argen Zähnen vergeblich gebissen; sie haben nichts weggenommen von dem unbestimmten, aber ewigen Reiz ihrer knabenhaften Brust.

Verbraucht vielleicht, aber nicht ermüdet und immer noch voll von heldischer Kraft, erinnert sie an jene edlen Vollblutpferde, die das Auge des wahren Kenners herausfindet, selbst wenn sie an eine Mietskutsche oder an einen schweren Karren gespannt sind.

Und dann, sie ist so sanft und so feurig! Sie liebt, wie man im Herbst liebt; es ist, als ob das Nahen des Winters ein neues Feuer in ihrem Herzen entzündete und als ob die dienende Hingabe ihrer Zärtlichkeit dich niemals ermüden könnte.

Ein schrecklicher Mensch tritt ins Zimmer und betrachtet sich im Spiegel.

»– Warum betrachten Sie sich im Spiegel, da Sie sich doch nur mit Mißvergnügen in ihm sehen können?«

Der schreckliche Mensch antwortet mir: » – Nach den unsterblichen Grundsätzen von 89 haben alle Menschen das gleiche Recht; also besitze ich das Recht mich zu spiegeln; ob mit Vergnügen oder Mißvergnügen, das geht nur mein Gewissen an.«

Im Namen des gesunden Menschenverstandes hatte ich ohne Zweifel Recht; aber vom Gesichtspunkt des Gesetzes aus hatte er nicht Unrecht.

XLI. Der Hafen

Ein Hafen ist ein entzückender Aufenthalt für eine von den Kämpfen des Lebens ermüdete Seele. Die Weite des Himmels, die bewegliche Bildung der Wolken, die wechselnden Färbungen des Meeres, das

Aufblitzen der Leuchttürme, das alles ist ein wunderbar geeignetes Prisma, um die Augen angenehm zu unterhalten, ohne sie jemals zu ermüden. Die schlanken Formen der Schiffe mit ihrem verschlungenen Takelwerk, welche die Dünung sich in gleichmäßigen Bewegungen schaukeln läßt, helfen der Seele das Gefühl für Rhythmus und Schönheit wach zu halten. Und dann, vor allem, gibt es dort eine Art von geheimnisvollem und vornehmem Vergnügen für den, der keine Neugier und keinen Ehrgeiz kennt, wenn er, im schönsten Aussichtsplatz liegend oder auf der Mole gelagert, all die Bewegungen derer betrachtet, die abfahren, und derer, die zurückkehren, derer, die noch die Kraft haben, zu wollen, die Sehnsucht zu reisen oder sich zu bereichern.

XLII. Bildnisse von Geliebten

In einem Herrenwinkel, nämlich im Rauchzimmer eines eleganten Spielklubs, rauchten und tranken vier Herren. Sie waren weder jung noch alt, weder schön noch häßlich, aber, ob alt oder jung, sie trugen jene unverkennbare Auszeichnung der alten Kämpen der Lust, jenes nicht zu beschreibende Etwas an sich, jene kalte und spöttische Traurigkeit, die klar zum Ausdruck bringt: »Wir haben mit ganzer Kraft gelebt, und wir suchen, was wir lieben und achten könnten.«

Einer von ihnen brachte das Gespräch auf die Frauen. Philosophischer wäre es gewesen, überhaupt nicht von ihnen zu sprechen. Aber es gibt geistreiche Menschen, die, wenn sie getrunken haben, die oberflächlichen Unterhaltungen nicht verschmähen. Man hört dann dem Sprecher zu, wie man der Tanzmusik zuhören würde.

Alle Männer, sagte er, waren einmal so jung wie Cherubin: Das ist das Alter, in dem man, aus Mangel an Dryaden, ohne Widerwillen zu empfinden, den Stamm der Eichen küßt. Das ist die erste Stufe der Liebe. Auf der zweiten Stufe beginnt man wählerisch zu werden. Überlegen zu können ist schon Verfall. Auf dieser Stufe sucht man entschlossen die Schönheit. Was mich angeht, meine Herren, so rühme ich mich längst bei der Alterszeit der dritten Stufe angelangt zu sein, wo selbst die Schönheit nicht mehr genügt, wenn sie nicht von Duft, Schmuck usw. gewürzt ist. Ich will sogar gestehen, daß ich mich manchmal, wie nach einem unbekannten Glück, nach einer gewissen vierten Stufe sehne, die als Zustand völlliger Ruhe zu bezeichnen wäre. Aber mein ganzes Leben hindurch, abgesehen vom Cherubin-Alter, sind mir mehr als jedem anderen die langweilige Dummheit, die aufreizende Mittelmäßigkeit der Frauen auf die Nerven gefallen. Was ich vor allem bei den Tieren liebe, das ist ihre Unschuld. Urteilen Sie also, wie sehr ich durch meine letzte Geliebte habe leiden müssen.

»Sie war die uneheliche Tochter eines Fürsten. Schön, das versteht sich von selbst; ohne das, warum hätte ich sie genommen? Aber sie verdarb diese wertvolle Eigenschaft durch einen unpassenden und häßlichen Ehrgeiz. Sie war eine Frau, die stets den Mann spielen wollte. ›Sie sind kein Mann! Ach! wenn ich ein Mann wäre! Von uns beiden bin ich der Mann!‹ Das waren die unerträglichen Kehrreime, die aus diesem Munde kamen, aus dem für mich nur Lieder herauskommen sollten. Wenn ich mir ein Wort der Bewunderung für ein Buch, ein Gedicht, eine Oper entschlüpfen ließ: ›Sie glauben vielleicht, daß da Kraft dahinter stecke?‹ hieß es sogleich: ›Wissen Sie überhaupt, was das ist, Kraft?‹ Und dann kam sie mit Gründen.

»Eines schönen Tages machte sie sich an die Chemie; derart, daß ich seitdem zwischen meinem Mund und dem ihrigen eine gläserne Maske fand. Außerdem tat sie sehr spröde. Wenn ich sie gelegentlich in meiner Verliebtheit etwas zu heftig anpackte, verfiel sie in Zuckungen, wie eine vergewaltigte Empfindsame . . .«

186

»– Und wie hat das geendet?« fragte einer der drei anderen. »Ich wußte nicht, daß Sie so geduldig sein könnten.«

»– Gott«, erwiderte er, »legte das Heilmittel in das Übel. Eines Tages ertappte ich diese Minerva, hungrig nach übersinnlicher Kraft, in vertrautem Beisammensein mit meinem Diener und zwar in einer Lage, die mich zwang, mich schonend zurückzuziehen, um sie nicht erröten zu lassen. Am Abend kündigte ich beiden, indem ich ihnen den Restbetrag ihres Lohnes ausbezahlte.«

»Was mich betrifft«, nahm der das Wort, der ihn unterbrochen hatte, »so habe ich mich nur über mich selbst zu beklagen. Das Glück ist zu mir gekommen, und ich habe es nicht erkannt. Das Schicksal hatte mir in diesen letzten Jahren den Genuß einer Frau gewährt, die bei weitem das sanfteste, fügsamste und hingebendste Geschöpf war, und immer willig und bereit. Und ohne Begeisterung! ›Ja, gern, da es Ihnen angenehm ist.‹ Das war ihre gewöhnliche Antwort. Wenn Sie dieser Wand oder diesem Sofa eine Tracht Prügel verabreichten, würden Sie ihnen mehr Seufzer entlocken, als das Feuer der rasendsten Liebe dem Busen meiner Geliebten entlockte. Als wir schon ein Jahr zusammengelebt hatten, gestand sie mir, daß sie niemals ein Lustgefühl verspürt hätte. Schließlich wurde ich dieses ungleichen Zweikampfes überdrüssig, und dieses unvergleichliche Geschöpf verheiratete sich. Später wandelte mich die Lust an, sie wiederzusehen, und sie sagte mir, auf sechs schöne Kinder hinweisend: ›Jawohl, lieber Freund, die Gattin ist noch ebenso *jungfräulich*, wie Ihre Geliebte es war.‹ Nichts hatte sich an ihr geändert. Manchmal traure ich ihr nach: ›Ich hätte sie heiraten sollen.‹«

Die anderen lachten, und die Reihe zu sprechen kam an den dritten:

»Meine Herren, ich habe Freuden gekannt, die Sie vielleicht versäumt haben. Ich meine die Komik in der Liebe und zwar eine Komik, welche die Bewunderung nicht ausschließt. Ich habe meine letzte Geliebte mehr bewundert, glaube ich, als Sie die Ihrigen lieben oder hassen konnten. Und jedermann bewunderte sie ebenso sehr wie ich. Wenn wir in ein Speisehaus eintraten, vergaßen, nach wenigen Minuten, alle Leute zu essen, um sie anzusehen. Selbst die Kellner und die Dame an der Kasse wurden von dieser ansteckenden Begeisterung so stark ergriffen, daß sie ihre Obliegenheiten vergaßen. Kurz, ich habe eine Zeitlang mit einem lebenden Phänomen unter vier Augen gelebt. Sie aß, kaute, zerknackte, verschlang, schluckte, doch mit der leichtesten und unbekümmertsten Art von der Welt. Sie hat mich auf diese Weise lange Zeit in Entzücken versetzt. Sie besaß eine sanfte, träumerische, englische, phantastische Art zu sagen: ›Ich habe Hunger!‹ Sie wiederholte diese Worte Tag und Nacht und zeigte dabei die hübschesten Zähne der Welt, Zähne, die Sie zu gleicher Zeit gerührt und erheitert hätten. Ich hätte mir ein Vermögen verdienen können, wenn ich sie auf den Jahrmärkten als das *vielfräßige Ungeheuer* gezeigt hätte. Ich nährte sie reichlich, und dennoch hat sie mich verlassen . . .« – »Kein Zweifel für einen Viktualienhändler?« – »Etwas Ähnliches, einen kleinen Angestellten in der Militärverwaltung, der mit Hilfe einiger geheimer Schiebungen dem armen Kinde vielleicht den Tagesbedarf von mehreren Soldaten verschafft. So vermutete ich wenigstens.«

»–Ich«, sagte der Vierte, »ich habe schreckliche Leiden ausgestanden gerade durch das Gegenteil der Eigenschaften, die man im allgemeinen dem selbstsüchtigen Weibervolk vorwirft. Ich finde Sie, allzu glückliche Sterbliche, fehl am Platze, wenn Sie sich über die Unvollkommenheiten Ihrer Geliebten beklagen!«

Das wurde in sehr ernstem Ton gesprochen, von einem sanft aussehenden gesetzten Herrn, mit fast geistlicher, unglücklicherweise von hellgrauen Augen erleuchteter Miene, von jenen Augen, deren Blick sagt: *»Ich will!«* oder *»Es muß sein!«* oder auch wohl: *»Ich verzeihe nie!«*

»Wenn Sie, G . . ., aufgeregt, wie ich Sie kenne, und Sie beide, K . . . und J . . ., feig und leichtsinnig, wie Sie sind, wenn Sie mit einer Frau von der Art, die ich kannte, gepaart gewesen wären, dann hätten

Sie entweder die Flucht ergriffen oder wären gestorben. Ich, ich bin am Leben geblieben, wie Sie sehen. Stellen Sie sich eine Person vor, unfähig, einen Gefühlsirrtum zu begehen oder sich in ihren Berechnungen zu täuschen, stellen Sie sich eine unerträgliche Heiterkeit des Charakters vor, eine Hingebung ohne Komödienspiel und hochtrabenden Schwulst, eine Sanftmut ohne Schwäche, eine Tatkraft ohne jede Heftigkeit. Die Geschichte meiner Liebe gleicht einer endlosen Reise über eine Fläche, rein und glatt wie ein Spiegel, von einer schwindelerregenden Eintönigkeit, die alle meine Gefühle und Bewegungen mit der peinlich genauen Ironie meines eigenen Bewußtseins zurückgeworfen hätte, derart, daß ich mir keine Bewegung, kein unvernünftiges Gefühl gestatten konnte, ohne mir im gleichen Augenblick den stummen Vorwurf meines unzertrennlichen Schattens gefallen lassen zu müssen. Die Liebe erschien mir wie eine Vormundschaft. Wieviel Torheiten hat sie mich verhindert zu begehen, die ich leider nicht begangen habe! Wieviel Schulden gegen meinen Willen bezahlt! Sie hat mich all der Vorteile beraubt, die ich aus meiner eigenen Narrheit hätte ziehen können. Mit einer kalten und unüberschreitbaren Richtschnur versperrte sie allen meinen Launen den Weg. Gipfel des Grauens, sie forderte, die Gefahr einmal überstanden, keinen Dank. Wie oft mußte ich mich zurückhalten, ihr nicht an die Kehle zu springen und ihr zuzuschreien: ›Sei doch weniger vollkommen, Elende! damit ich dich lieben kann ohne Mißvergnügen und Zorn!‹ Mehrere Jahre lang habe ich sie bewundert, das Herz voll Haß. Schließlich, nicht ich bin daran gestorben!«

»Ah!« brachten die anderen hervor, »sie ist also tot?« »Ja! Das konnte so nicht weitergehen. Die Liebe war für mich ein schwerer Alpdruck geworden. Siegen oder sterben, wie es in der Politik heißt, das war die Wahl, die das Schicksal mir auferlegte! Eines Abends, in einem Wäldchen . . . am Rand eines Teiches . . . nach einem schwermütigen Spaziergang, bei dem ihre Augen die Sanftheit des Himmels widerspiegelten und mein Herz sich mir krampfte wie die Hölle . . .«

»Was!«

»Wie!«

»Was wollen Sie sagen?«

»Es war unvermeidlich. Ich fühle zu gerecht, um einen untadeligen Diener zu schlagen, zu kränken oder zu verabschieden. Aber ich mußte mein Gefühl in Einklang bringen mit dem Abscheu, den dieses Geschöpf mir einflößte, mich dieses Geschöpfes entledigen, ohne ihm die schuldige Achtung zu versagen. Was, wollen Sie, hätte ich mit ihr anfangen sollen, *da sie vollkommen war?*«

Die drei anderen schauten ihn entgeistert und ein wenig stumpfsinnigen Blickes an, als ob sie ihn nicht

verständen und stillschweigend bekennen wollten,
daß sie, ja sie, einer so harten, wenn auch genugsam
verständlichen Tat nicht fähig wären.

Und dann bestellte man ein paar Flaschen, um die
Zeit zu töten, die ein so zähes Leben hat, und um das
Leben schneller laufen zu lassen, das so langsam
dahinfließt.

XLIII. Der galante Schütze

Als der Wagen durch den Bois de Boulogne fuhr,
ließ er ihn in der Nähe einer Schießbude halten,
weil er, wie er sagte, gern ein paar Kugeln verschießen
möchte, um die Zeit zu *töten*. Dieses Ungeheuer zu
töten, ist das nicht unser aller gewöhnlichste und
erlaubteste Beschäftigung? – Und ritterlich reichte er
seiner lieben, entzückenden und gräßlichen Frau die
Hand, dieser geheimnisvollen Frau, der er so viele
Freuden, so viel Schmerzen und vielleicht auch ein
Großteil seiner Schöpferkraft verdankt.

Mehrere Kugeln schlugen weit von dem gewählten
Ziel ein; eine von ihnen bohrte sich sogar in die

Decke; und da das reizende Geschöpf sich mit ausge-
lassenem Gelächter über die Ungeschicklichkeit ihres
Gatten lustig machte, drehte er sich mit scharfem
Ruck zu ihr um und sagte: »Schauen Sie sich diese
Puppe an, dahinten, rechts, die ihre Nase in die Luft
streckt und so hochmütig dreinschaut. Paß auf!
teuerster Engel, *ich stelle mir vor, daß Sie es sind.*«
Und er schloß die Augen und drückte los. Der Puppe
wurde der Kopf glatt abgeschossen.

Dann, mit einer Verbeugung vor seiner lieben, entzückenden, gräßlichen Frau, seiner unvermeidlichen
und unerbittlichen Muse, und indem er ihr die Hand
ehrerbietig küßte, fügte er hinzu: »Ah! teuerster Engel, wie dankbar bin ich Ihnen für meine Geschicklich-
keit!«

XLIV. Die Suppe und die Wolken

Meine närrische kleine Geliebte hatte mich zum
Mittagessen eingeladen, und durch das offene
Fenster des Eßzimmers betrachtete ich die beweg-
lichen Baugebilde, die Gott aus den Wolkendünsten

entstehen läßt, die wunderbaren Bildungen des Un-
faßbaren. Und ich dachte bei mir, in diese Betrach-
tung versunken: »Alle diese Gaukelbilder sind fast
ebenso schön wie die Augen meiner schönen Geliebten,
des kleinen närrischen Ungeheuers mit den grünen
Augen.«

Doch plötzlich erhielt ich einen gewaltigen Faustschlag in den Rücken, und ich hörte eine rauhe heisere Stimme, die Stimme meiner teuren kleinen
Geliebten, die sagte: »– Wirst du wohl bald kommen
und deine Suppe essen, du garstiger Kerl von einem
Wolkenhändler?«

xlv. Der Schiess-Stand und der Friedhof

Wirtshaus zur Friedhofsaussicht. – Seltsames
Aushängeschild, – sagte sich unser Spazier-
gänger, – aber ganz dazu angetan, einen durstig zu
machen! Sicher weiß der Besitzer dieser Kneipe Horaz
und die Dichterschüler Epikurs zu schätzen. Vielleicht
kennt er sogar die letzte tiefe Feinheit der alten
Ägypter, für die es keine ordentliche Gasterei ohne

Skelett gab, ohne irgend ein Symbol der Kürze des Lebens.

Und er trat ein, trank ein Glas Bier angesichts der Grabsteine und rauchte langsam eine Zigarre. Dann kam ihm der Gedanke, zum Friedhof hinunterzusteigen, dessen Gras so hoch und so einladend war, und wo in so reicher Pracht die Sonne thronte.

Wirklich, das Licht und die Sonne tobten sich da aus, und es war, als ob die berauschte Sonne sich der Länge nach auf einem Teppich prächtiger, von der Zerstörung gedüngter Blumen wälzte. Ein gewaltiges Surren von Leben erfüllte die Luft, – das Leben der unendlich kleinen Wesen, – unterbrochen in regelmäßigen Zwischenräumen von dem Geknatter der Schüsse aus einem benachbarten Schießstand, die wie der Knall von Champagnerpfropfen krachten, im Gesumme einer gedämpften Symphonie.

Da, unter der Sonne, die ihm das Gehirn verbrannte, und in dem Dunst der glühenden Düfte des Todes, hörte er unter dem Grabstein, auf den er sich gesetzt hatte, eine Stimme flüstern. Und die Stimme sprach: »Verflucht seien eure Zielscheiben und eure Karabiner, ihr lärmsüchtigen Lebendigen, die ihr euch so wenig um die Abgeschiedenen und ihre göttliche Ruhe kümmert! Verflucht euer Ehrgeiz, verflucht eure Entwürfe, ungeduldige Sterbliche, die ihr zum Heiligtum des Todes kommt, um die Kunst des Tötens zu üben! Wenn ihr wüßtet, wie leicht der

Preis gewonnen werden kann, wie leicht es ist, ins Schwarze zu treffen, und wie alles so nichtig ist, außer dem Tod, dann würdet ihr euch nicht so abmühen, ihr geschäftigen Lebendigen, und ihr würdet weniger oft den Schlaf derer stören, die, schon längst, das Ziel erreicht haben, das einzige wahre Ziel des verabscheuungswürdigen Lebens!«

XLVI. Verlorener Heiligenschein

Heh! Was ist das? Sie hier, lieber Freund? Sie, in einem so üblen Lokal? Sie, der immer nur das Feinste vom Feinen schlürft? Sie, der Ambrosia speist? Wahrhaftig, Grund genug, mich in Erstaunen zu setzen.

– Mein Lieber, Sie kennen meine Angst vor Wagen und Pferden. Soeben, als ich in höchster Eile den Boulevard überquerte und im Schmutz hin und her sprang, da rutschte mir, mitten in diesem wüsten Durcheinander, wo der Tod im Galopp von allen Seiten zugleich herankommt, mein Heiligenschein vom Kopf und fiel in den Schlamm des Asphalts. Ich hatte nicht den Mut ihn aufzuheben. Ich hielt es für weniger unangenehm, meine Hoheitsabzeichen zu verlieren als mir die Knochen zerbrechen zu lassen. Und außerdem, sagte ich mir, ein Unglück ist immer zu etwas nutze. Nun kann ich incognito spazieren-laufen, niedrige Handlungen begehen und mich mit dem Pöbel gemein machen wie die einfachen Sterbli-chen. Und so bin ich denn hier, ganz wie Sie, wie Sie sehen!

– Sie sollten doch wenigstens wegen dieses Heili-genscheins einen Anschlag machen oder ihn von der Polizei einfordern lassen.

– Wahrhaftig! Nein, ich fühle mich ganz wohl hier. Sie allein, Sie haben mich erkannt. Übrigens, die Würde langweilt mich. Außerdem würde es mir Spaß machen, wenn irgend ein Dichterling ihn auf-heben und, unverschämt wie er ist, sich aufsetzen würde. Einen Menschen glücklich zu machen, was für ein Genuß! Und besonders einen, der in seinem Glück mich zum Lachen bringt! Denken Sie an X oder Z! Wie drollig das wäre! Was?

Als ich an das äußere Ende der Vorstadt, in den Bereich der Gasflammen kam, fühlte ich, wie sich ein Arm leise unter den meinen schob, und ich hörte eine Stimme, die mir ins Ohr flüsterte: »Sie sind Arzt, mein Herr, nicht wahr?«

Ich blickte auf und sah ein großes, kräftiges Mädchen, mit weit offenen Augen, leicht geschminkt; ihre Haare, mit den Bändern ihres Kapotthütchens, wehten im Wind.

»Nein; ich bin kein Arzt. Lassen Sie mich gehen.« – »Oh! doch, Sie sind Arzt. Ich seh es genau. Kommen Sie zu mir. Sie werden sehr zufrieden sein. Kommen Sie!« – »Ich komme sicher zu Ihnen, aber später, *nach dem Arzt,* Teufel auch!« ... »Oh! Oh!« – ließ sie sich vernehmen, immer noch an meinem Arm, und in Lachen ausbrechend, – »Sie sind ein spaßiger Arzt, ich habe mehrere von der Sorte gekannt. Kommen Sie.«

Ich liebe leidenschaftlich alles, was geheimnisvoll ist, weil ich immer hoffe es zu enträtseln. Ich ließ mich also von dieser Gefährtin, oder vielmehr von diesem unverhofften Rätsel mit fortziehen.

Ich übergehe die Beschreibung ihrer Bude; man kann sie bei mehreren älteren, wohlbekannten fran-

---

* Bistouri ist ein chirurgisches Instrument, Schneide-Ritzmesser.

zösischen Dichtern finden. Nur, daß – eine von Régnier nicht beachtete Einzelheit – zwei oder drei Bildnisse von berühmten Ärzten an den Wänden hingen.

Wie ich gehätschelt wurde! Warmes Feuer, Glühwein, Zigarren; und als diese lustige Person mir diese guten Dinge anbot und sich selbst eine Zigarre ansteckte, sagte sie zu mir: »Tun Sie, als ob Sie zu Hause wären, lieber Freund, machen Sie sich's bequem. Das wird Sie an das Krankenhaus und an die schöne Jugendzeit erinnern. – Doch sagen Sie! Wo haben Sie nur diese weißen Haare her? Die hatten Sie doch vor gar so langer Zeit noch nicht, als Sie Assistenzarzt bei L. waren ... Ich erinnere mich, daß Sie es waren, der ihm bei den schweren Operationen half. Das ist einer, dem das Schneiden, Zerstückeln und Stutzen Spaß macht! Sie waren es, der ihm die Instrumente, die Fäden und Schwämme hinhielt. – Und wie stolz er, nach der Operation, auf die Uhr blickte und sagte: ›Fünf Minuten, meine Herren!‹ – Oh! ich, ich gehe überall hin. Ich kenne diese Herren gut.«

Ein paar Minuten später, als sie schon du zu mir sagte, nahm sie ihr Geleier wieder auf und sagte: »Du bist Arzt, nicht wahr, mein Katerchen?«

Diese unverständliche ewige Frage brachte mich auf die Beine. »Nein!« schrie ich wütend.

»Chirurg also?«

»Nein! Nein! Oder höchstens, um dir den Hals abzuschneiden! Verfluchte Kupplerin!...«

»Warte nur«, fuhr sie fort, »du wirst schon sehen.« Und sie holte aus ihrem Schrank einen Stoß von Papier, der nichts anderes war als eine Sammlung von Bildnissen berühmter zeitgenössischer Ärzte, Lithographien von Maurin, wie man sie einige Jahre lang auf dem Quai Voltaire sehen konnte.

»Schau! Kennst du den da?«

»Ja, das ist X. Der Name ist übrigens unten angegeben, aber ich kenne ihn persönlich.«

»Ich wußte es wohl! Schau! Das ist Z., der in seiner Vorlesung, als er von X. sprach, sagte: ›Dieses Ungeheuer, das auf seinem Gesicht die Schwärze seiner Seele trägt!‹ Und nur, weil der andere in der gleichen Frage seine Ansicht nicht teilte! Wie hat man damals in der Fakultät darüber gelacht! Erinnerst du dich? – Schau! Das ist K., derselbe, der die Aufständigen, die er in seinem Krankenhaus behandelte, der Regierung anzeigte. Zur Zeit der Unruhen. Wie ist es nur möglich, daß ein so schöner Mann so wenig Herz hat? – Jetzt, hier, das ist W., ein berühmter englischer Arzt; ich habe ihn auf seiner Reise nach Paris aufgegabelt. Er sieht aus wie ein junges Mädchen, nicht wahr?«

Und als ich ein zugeschnürtes Paket berührte, das auf dem Nipptisch lag: »Warte ein bißchen« – sagte sie, »das sind die Assistenzärzte, und dies Paket, das sind die Hospitanten.«

Und sie breitete wie einen Fächer eine Menge Photographien aus, auf denen viel jüngere Gesichter zu sehen waren.

»Wenn wir uns wiedersehen, schenkst du mir dein Bild, nicht wahr, Liebling?«

»Aber«, sagte ich zu ihr, indem auch ich meine Zwangsvorstellung verfolgte, »warum hältst du mich für einen Arzt?«

»Weil du so nett und gut zu den Frauen bist.«

»Seltsame Logik!« dachte ich bei mir.

»Oh! ich täusche mich fast nie; ich habe eine Menge gekannt. Ich hab diese Herren so gern, daß ich, obwohl ich nicht krank bin, sie manchmal aufsuche, nur um sie zu sehen. Einige sagen mir ganz kalt: ›Sie sind ganz und gar nicht krank!‹ Aber andere verstehen mich, weil ich meine Augen spielen lasse.«

»Und wenn sie dich nicht verstehen? . . .«

»Na ja! Da ich sie *unnötig* gestört habe, lasse ich zehn Francs auf dem Kamin. – Sie sind so lieb und süß, diese Herren! – Ich hab in der *Pitié* einen kleinen Assistenzarzt entdeckt, der ist hübsch wie ein Engel und so höflich! und wie der arbeitet, der arme Junge! Seine Kameraden haben mir gesagt, daß er keinen Heller hätte, weil seine Eltern arme Leute sind, die ihm nichts schicken können. Das hat mir

Mut gemacht. Und schließlich bin ich ja eine ganz schöne Frau, wenn auch nicht mehr allzu jung. Ich sagte ihm: ›Besuch mich mal, besuch mich oft. Und wegen mir brauchst du nicht verlegen zu sein, ich brauche kein Geld.‹ Aber du begreifst, daß ich ihm das auf alle mögliche Weise beibringen mußte, ich habe ihm das nicht so gerade heraus gesagt, ich hatte solche Angst, ihn zu demütigen, den lieben Jungen! – Aber kannst du's glauben? Ich habe einen drolligen Wunsch, den ich ihm nicht zu sagen wage. – Ich möchte, daß er mich einmal mit seinem Besteck und in seinem Kittel besuchte, sogar mit etwas Blut darauf!«

Das sagte sie mit sehr unschuldiger Miene, so wie ein gefühlvoller Mann zu einer geliebten Schauspielerin sagen könnte: »Ich möchte Sie in dem Kostüm sehen, das Sie in der berühmten Rolle trugen, die Sie als erste dargestellt haben.«

Ich, der ich hartnäckig bei meiner Vorstellung blieb, begann wieder: »Kannst du dich der Zeit und der Gelegenheit erinnern, wo diese so eigenartige Leidenschaft in dir entstanden ist?«

Nur schwer konnte ich mich verständlich machen. Endlich gelang es mir. Aber da antwortete sie mir mit sehr trauriger Miene und wandte sogar, wenn ich mich recht erinnere, die Augen ab: »Ich weiß nicht ... ich erinnere mich nicht.«

Was für phantastische Dinge findet man nicht in

einer großen Stadt, wenn man herumzubummeln und zu sehen versteht? Die Stadt wimmelt von unschuldigen Ungeheuern. – Herr, mein Gott! Du, der Schöpfer, du, der Meister, der du das Gesetz und die Freiheit geschaffen hast, du, der Herrscher, der alles seinen Lauf gehen läßt, du, der Richter, der verzeiht, du, der du voll bist von Trieben und Ursachen, und der du vielleicht die Vorliebe für das Schaurige in meinen Geist gelegt hast, um mein Herz zu bekehren, wie die Heilung an die Spitze eines Messers; Herr, erbarme dich, erbarme dich der törichten Männer und Frauen! O Schöpfer! ist es möglich, daß es Ungeheuer in den Augen jenes Einzigen gibt, der weiß, warum sie da sind, wie sie *sich dazu gemacht haben* und wie sie es hätten anfangen sollen, *sich nicht dazu zu machen?*

(Überall, nur nicht auf dieser Welt)

Dieses Leben ist ein Krankenhaus, wo jeder Kranke von dem Verlangen besessen ist, sein Bett zu wechseln. Der eine möchte gegenüber dem Ofen leiden, und der andere glaubt, daß er neben dem Fenster Heilung finden würde.

Mir ist, als ob ich immer da glücklich sein würde, wo ich nicht bin, und diese Frage der Wohnungsveränderung gehört zu denen, über die ich mich beständig mit meiner Seele unterhalte.

»Sag mir, liebe Seele, arme, frierende Seele, was meinst du, wenn wir nach Lissabon zögen? Dort soll es warm sein, und dort würdest du wieder ganz munter werden wie eine Eidechse. Die Stadt liegt dicht am Wasser; man sagt, sie wäre aus Marmor erbaut, und den Menschen dort wäre alles Gewächs so verhaßt, daß sie alle Bäume ausreißen. Das wäre ein Land nach deinem Geschmack, ein Land, aus Licht und Stein gemacht, und das Wasser, um sie zu spiegeln!«

Meine Seele antwortet nicht.

»Da du die Ruhe so sehr liebst, zugleich mit dem Schauspiel der Bewegung, willst du mit mir kommen, um in Holland zu wohnen, diesem beseligenden Land? Vielleicht wird dich diese Gegend, deren Bild

du so oft in den Museen bewundert hast, angenehm zerstreuen? Was meinst du zu Rotterdam, du,
die du die Wälder von Masten und die am Fuß der
Häuser vor Anker liegenden Schiffe liebst?«

Meine Seele bleibt stumm.

»Batavia könnte dich vielleicht mehr locken? Wir
würden dort übrigens den Geist Europas finden, vermählt mit der Schönheit der Tropen.«

Kein Wort. – Sollte meine Seele gestorben sein?

»Bist du denn in solche Erstarrung verfallen, daß
du nur an deinem Leiden Gefallen findest? Wenn es
so ist, dann laß uns zu den Ländern fliehen, die aussehen wie der Tod. – Ich weiß, was wir brauchen,
arme Seele! Wir wollen unsere Koffer für Torneo
packen. Reisen wir noch weiter an das äußerste Ende
der Ostsee; noch weiter weg vom Leben, wenn möglich; lassen wir uns auf dem Nordpol nieder. Dort
streift die Sonne die Erde nur mit schrägen Strahlen,
und die langsame Abwechslung von Licht und Nacht
hebt die Verschiedenheit auf und vermehrt die
Eintönigkeit, dieses halbe Nichts. Dort könnten wir
lange Bäder von Finsternis nehmen, während das
Nordlicht, um uns zu zerstreuen, von Zeit zu Zeit
seine Rosengarben schicken würde, wie der Widerschein eines Feuerwerks der Hölle!«

Da endlich bricht es aus meiner Seele hervor und
gelassenen Tones ruft sie mir zu: »Ganz gleich wo,
wenn es nur außerhalb dieser Welt ist!«

Vierzehn Tage lang hatte ich mich in meinem Zimmer eingesponnen und mich mit Büchern im Geschmack der damaligen Zeit (es sind sechzehn oder siebzehn Jahre her) umgeben; ich rede von solchen Büchern, in denen von der Kunst, die Völker in vierundzwanzig Stunden glücklich, weise und reich zu machen, gehandelt wird. Ich hatte also alle Firlefanzereien aller Unternehmer auf dem Gebiet der allgemeinen Glückseligkeit verdaut – heruntergeschluckt, will ich sagen, – derer, die allen armen Leuten raten, sich zu Sklaven machen zu lassen, und derer, die ihnen zureden, daß sie alle entthronte Könige sind. – Man wird es nicht überraschend finden, daß ich damals in einer Geistesverfassung war, die an Schwindel oder Stumpfsinn grenzte.

Nur war mir vorgekommen, als ob ich, eingesponnen in der Tiefe meines Verstandes, den dunklen Keim einer Idee gespürt hätte, die allen Hausmittelchen, deren Wörterbuch ich soeben durchflogen hatte, überlegen wäre. Aber das war nur die Idee einer Idee, etwas unendlich Unbestimmtes.

Und ich verließ das Haus, großen Durst in der Kehle. Denn die leidenschaftliche Vorliebe für schlechte Lektüre erzeugt ein entsprechendes Bedürfnis nach frischer Luft und Erfrischungen.

Als ich in ein Wirtshaus eintreten wollte, hielt mir

ein Bettler seinen Hut hin, mit einem jener unvergeßlichen Blicke, die Throne umstürzen könnten,
wenn der Geist den Stoff bewegte und das Auge des
Magnetiseurs die Trauben zur Reife brächte. Gleichzeitig hörte ich eine Stimme, die ich gut kannte; die
Stimme eines guten Engels oder eines guten Dämons,
der mich überall hin begleitet. Da Sokrates seinen
guten Dämon hatte, warum sollte ich nicht meinen
guten Engel haben, warum sollte ich nicht, wie
Sokrates, die Ehre haben, mein Narrheitszeugnis zu
erhalten, unterschrieben von dem schlauen Lelut und
dem klugen Baillarger?

Zwischen dem Dämon des Sokrates und dem meinigen besteht der Unterschied, daß der des Sokrates
sich ihm nur offenbarte, um zu verbieten, anzukündigen, zu verhindern, und daß der meinige zu raten,
Winke zu geben, zu überreden geruht. Der arme
Sokrates besaß nur einen Verhinderungsdämon, der
meinige ist ein großer Bejaher, der meinige ist ein
Dämon der Tat oder Dämon des Kampfes.

Nun, seine Stimme flüsterte mir folgendes zu:
»Derjenige allein ist einem andern gleich, der
beweist, daß er es auch wirklich ist, und derjenige
allein ist der Freiheit würdig, der sie zu erobern
weiß.«

Unverzüglich stürzte ich mich auf meinen Bettler.
Mit einem einzigen Fausthieb versetzte ich ihm einen
Pfropfen auf ein Auge, daß es in einer Sekunde wie

eine Kugel anschwoll. Ich zerbrach einen meiner Fingernägel, um ihm zwei Zähne einzuschlagen, und da ich mich nicht stark genug fühlte, weil ich von zarter Körperkraft und im Boxen wenig geübt war, um diesen alten Mann so ohne weiteres totzuschlagen, griff ich ihn mit einer Hand beim Kragen seines Rockes, packte ihn mit der anderen bei der Kehle und machte mich daran, ihn mit dem Kopf heftig gegen eine Mauer zu stoßen. Ich muß gestehen, daß ich vorher mit raschem Blick die Umgebung abgesucht und festgestellt hatte, daß ich in dieser verlassenen Vorstadt mich auf ziemlich lange Zeit außer Reichweite aller Polizisten befand.

Nachdem ich dann mit einem Fußtritt in den Rücken, kräftig genug, um seine Schulterblätter zu zerschlagen, den schon sehr geschwächten Sechzigjährigen zu Boden geschmettert hatte, ergriff ich einen dicken Ast, der auf dem Boden lag, und schlug auf ihn los mit der hartnäckigen Tatkraft der Köche, die ein Beefsteak zart machen wollen.

Plötzlich, – o Wunder! o Freude des Philosophen, der die Vortrefflichkeit seiner Theorie bewahrheitet findet! – sah ich dieses uralte Gerippe mit einer Tatkraft, die ich in einem so merkwürdig zusammengeschlagenen Gestell niemals vermutet hätte, sich umdrehen, aufstehen; und mit einem haßerfüllten Blick, der mir als ein gutes Vorzeichen erschien, warf sich der gebrechliche Landstreicher auf mich, schlug mir meine beiden Augen gelb und blau, zerbrach mir vier Zähne und verabreichte mir mit dem gleichen Ast eine ordentliche Tracht ungebrannter Asche. – Durch die kräftige Wirkung meiner Arznei hatte ich ihm seinen Stolz und das Leben wiedergegeben.

Daraufhin gab ich ihm durch eine beredte Zeichensprache zu verstehen, daß ich die Erörterung als beendet betrachtete, und indem ich mit der Befriedigung eines Sophisten der stoischen Schule aufstand, sagte ich zu ihm: »Mein Herr, *Sie sind mir gleich!* Wollen Sie mir, bitte, die Ehre erweisen, meine Börse mit mir zu teilen; und denken Sie daran, wenn Sie wirklich ein Menschenfreund sind, auf alle Ihre Mitbrüder, wenn sie ein Almosen von Ihnen erbitten, die gleiche Theorie anzuwenden, die ich den *Schmerz* gehabt habe auf Ihrem Rücken auszuprobieren.«

Er hat mir hoch und heilig geschworen, daß er meine Theorie verstanden hätte und daß er meinem Rat Folge leisten würde.

L. DIE BRAVEN HUNDE

Für Herrn Joseph Stevens

Ich habe mich niemals, selbst nicht vor den jungen Schriftstellern meines Jahrhunderts, meiner Bewunderung für Buffon geschämt, aber heute ist es nicht die Seele dieses Malers der erhabenen Natur, die ich zu Hilfe rufen will. Nein.

Viel lieber würde ich mich an Sterne wenden, und ich würde ihm sagen: »Steig vom Himmel herab oder erhebe dich zu mir aus den Elysäischen Gefilden, um mir zum Preise der braven Hunde, der armen Hunde, einen Gesang einzugeben, der deiner würdig ist, empfindsamer Spaßmacher, unvergleichlicher Spaßmacher! Kehr zurück auf dem Rücken deines berühmten Esels, der dich für immer im Gedächtnis der Nachwelt begleitet; und vor allem, daß dieser Esel nicht vergesse, seine zart zwischen den Lippen hängende unsterbliche Makrone zu tragen!«

Weg mit der akademischen Muse! Mit dieser alten Betschwester habe ich nichts zu tun. Ich rufe die alltägliche, die städtische, die lebendige Muse an, damit sie mir helfe die braven Hunde, die armen Hunde, die mit Kot bespritzten Hunde zu besingen, die Hunde, die jeder von sich fern hält, weil sie verpestet und verlaust sind, nur nicht der Arme, dessen

Genossen sie sind, und der Dichter, der sie brüderlichen Auges betrachtet.

Pfui über den geleckten Hund, diesen vierfüßigen Gecken, Dänen, King Charles, Mops oder Wachtelhund, so entzückt von sich selbst, daß er höchst zudringlich zwischen die Beine oder auf die Knie des Besuchers springt, wie wenn er sicher wäre ihm Freude zu machen; ausgelassen wie ein Kind, einfältig wie ein galantes Dämchen, manchmal mürrisch und unverschämt wie ein Dienstbote! Pfui über diese vierpfotigen Schlangen, fröstelnd und faul, die man Windhunde nennt und die in ihren spitzen Schnauzen nicht einmal genug Witterung haben, um der Spur eines Freundes zu folgen, noch in ihrem platten Kopf genug Verstand, um Domino zu spielen.

In die Hütte mit all diesen lästigen Schmarotzern! Zurück mit ihnen in ihre seidengefütterte Hütte! Ich singe den kotbespritzten Hund, den armen Hund, den Hund ohne Behausung, den streunenden Hund, den Seiltänzerhund, den Hund, dessen Instinkt, wie der des Armen, des Zigeuners und des Komödianten wunderbar geschärft ist durch die Not, die so gute Mutter, die wahre Schutzgöttin der gescheiten Leute! Ich singe die armseligen Hunde, die einsam in den gewundenen Schluchten der unermeßlichen Städte umherirren, und sie, die dem verlassenen Menschen mit geistvoll blinzelnden Augen sagten: »Nimm mich zu dir, und aus dem Elend von uns beiden machen wir dann vielleicht so etwas wie Glück!«

»*Wohin gehen die Hunde?*« fragte früher einmal Nestor Roqueplan in einem unsterblichen Zeitungs-artikel, den er sicher vergessen hat und an den ich allein und vielleicht Sainte-Beuve sich heute noch erinnern.

Wohin die Hunde gehen, fragt ihr, ihr wenig auf-merksamen Menschen? Sie gehen zu ihren Geschäf-ten.

Geschäftliche Stelldicheine, Liebesstelldicheine. Durch den Nebel hindurch, durch den Schnee hin-durch, durch den Kot hindurch, unter der beißenden Hundstagshitze, unter dem strömenden Regen gehen und kommen sie, trotten sie, schlüpfen sie unter den Wägen hin, gequält von den Flöhen, der Leiden-schaft, der Not oder der Pflicht. Wie wir, sind sie früh am Morgen aufgestanden und suchen sie ihren Lebensunterhalt oder laufen sie ihren Vergnügungen nach.

Manche von ihnen schlafen in verfallenen Häu-sern der Vorstadtbezirke und holen sich, Tag für Tag, zu bestimmter Stunde, ihr Armenfutter an der Tür einer Küche des Palais-Royal; andere, die truppweise mehr als fünf Meilen hergelaufen kom-men, teilen untereinander die Mahlzeit, die ihnen die Barmherzigkeit von sechzigjährigen alten Jungfern bereitet hat, deren müßiges Herz sich an die Tiere hängte, weil die einfältigen Männer nichts mehr von ihnen wissen wollen.

Andere, kastanienbraun wie Neger, liebestoll, verlassen, an gewissen Tagen, ihr Gebiet, um in der Stadt eine Stunde lang eine schöne Hündin, ein wenig vernachlässigt in ihrer Erscheinung, aber stolz und dankbar, zu umwedeln.

Und sie sind alle sehr pünktlich, ohne Kalender, ohne Notizbuch und ohne Brieftasche.

Kennt ihr das träge Belgien und habt ihr, wie ich, alle jene kräftigen Hunde bewundert, die, angespannt an den Karren des Metzgers, der Milchfrau oder des Bäckers durch ihr jubelndes Gebell das stolze Vergnügen bekunden, das sie in ihrem Wetteifer mit den Pferden empfinden?

Und hier zwei Hunde, die einem noch gehobeneren Stande angehören. Erlaubt mir euch in das Zimmer des abwesenden Seiltänzers einzuführen. Ein Bett aus gestrichenem Holz, ohne Vorhänge, von Wanzen beschmutzte herumliegende Decken, zwei Strohstühle, ein gußeiserner Ofen, ein oder zwei arg beschädigte Musikinstrumente. Oh! Welch traurige Einrichtung! Doch betrachtet, bitte, die beiden klugen Geschöpfe, sie haben eine ebenso zerrissene wie prunkvolle Kleidung an, tragen eine Mütze wie Troubadours oder Soldaten und überwachen mit der Aufmerksamkeit von Zauberern das auf dem angezündeten Herd langsam schmorende *namenlose*

Gericht, in dem mitten drin ein langer Löffel aufrecht steckt, dort eingepflanzt wie einer jener in die Luft ragenden Maste, die anzeigen, daß die Maurer mit ihrer Arbeit fertig sind.

Ist es nicht ganz in der Ordnung, daß so eifrige Komödianten sich nicht auf den Weg machen, ohne ihren Magen mit einer nahrhaften und kräftigen Suppe gefüllt zu haben? Und verzeiht ihr nicht ein wenig Genußfreudigkeit diesen armen Teufeln, die den ganzen Tag lang der Gleichgültigkeit der Menge und den Ungerechtigkeiten eines Direktors trotzen müssen, der den Hauptanteil für sich behält und allein mehr Suppe löffelt als vier Komödianten?

Wie oft habe ich, lächelnd und gerührt, diese vierpfotigen Philosophen betrachtet, gefällige, unterwürfige oder ergebene Sklaven, die das republikanische Wörterbuch ebenso gut auch *getreue Diener* beteiteln könnte, wenn die Republik, zu sehr mit dem Glück der Menschen beschäftigt, Zeit hätte, sich um die *Ehre* der Hunde zu kümmern.

Und wie oft habe ich gedacht, daß es vielleicht irgendwo (wer weiß es schließlich?), um so viel Mut, so viel Geduld und so viel Mühe zu belohnen, ein eigenes Paradies für die braven Hunde, die armen Hunde, die kotbespritzten und verzweifelten Hunde geben könnte. Swedenborg behauptet fest, daß es eins für die Türken und eins für die Holländer gebe.

Die Hirten Vergils und Theokrits erwarteten als

Preis für ihre Wechselgesänge einen guten Käse, eine Flöte von der Hand des besten Flötenmachers oder eine Ziege mit geschwellten Eutern. Der Dichter, der die armen Hunde besungen hat, erhielt als Belohnung eine schöne Weste von ebenso reicher wie vergilbter Farbe, die an die herbstlichen Sonnen, an die Schönheit der reifen Frauen und an die Altweiber-Sommer denken läßt.

Keiner von den Gästen, die in dem Wirtshaus der Villa-Hermosastraße zugegen waren, wird vergessen, mit welchem Ungestüm der Maler sich seiner Weste für den Dichter entledigte, so gut hatte er begriffen, daß es gut und ehrenhaft war, die armen Hunde zu besingen.

So auch bot ein prachtliebender italienischer Gewaltherrscher aus der guten alten Zeit dem göttlichen Aretino einen mit Edelsteinen reich verzierten Dolch oder einen Hofmantel dar, im Austausch gegen ein kostbares Sonett oder ein schön gelungenes satirisches Gedicht.

Und jedesmal, wenn der Dichter die Weste des Malers anzieht, muß er an die braven Hunde denken, an die philosophischen Hunde, an die Altweiber-Sommer und an die Schönheit der sehr reifen Frauen.

AUSKLANG

Das Herz zufrieden, stieg ich auf des Hügels Schwelle
Von wo im weiten Raum die Stadt man liegen sieht,
Spital, Fegfeuer, Hölle, Zuchthaus und Bordelle,

Wo jede Scheußlichkeit wie eine Blume blüht.
Du weißt, o Satan, Schutzherr meiner Unglückstriebe,
Nicht hab ich eitle Tränen dort des Wegs versprüht.

Doch wie ein alter Lustbock einer alten Liebe,
Wollt ich der ungeheuren Dirne trunken sein,
Die, höllisch-reizend, will, daß jung ich immer bliebe.

Ob Schlaf dich wiegt noch in des Morgens Kissen ein,
Schwer, dunkel, frostig, ob du stolz dich in den Fahnen
Des Abends brüstest mit der goldnen Borten Schein,

Ich lieb dich, feile Metropole! Kurtisanen
Und Räuber, oft bereit, mir Freuden zu verleihn,
Die nicht begreifen die gewöhnlichen Profanen.

Charles Baudelaire
Die Blumen des Bösen

Gedichtzyklus. Aus dem Französischen
von Terese Robinson. detebe 20999

»Mein lieber Freund, ich habe *Die Blumen des Bösen* zuerst von Anfang bis Ende verschlungen wie eine Köchin einen Feuilletonroman, und nun lese ich den Band seit acht Tagen Vers für Vers und Wort für Wort noch einmal; ja, er gefällt mir und bezaubert mich. Ich liebe Ihre Schärfe mit ihren sprachlichen Köstlichkeiten, die sie zur Geltung bringen wie Damaszierungen auf einer feinen Klinge. Was mir vor allem an Ihrem Buch gefällt, ist, daß darin die Kunst den Vorrang hat. Außerdem besingen Sie das Fleisch, ohne es zu lieben, auf eine traurige und indifferente Weise, die mir sympathisch ist. Sie sind hart wie der Marmor und durchdringend wie der englische Nebel.«
Gustave Flaubert an Charles Baudelaire

»Baudelaire scheint mir eminent gebildet gewesen zu sein; womöglich war er in der Kunst der Verstellung Meister. Übertrug man ihm eine diplomatische Sendung? Nein? Jedenfalls stelle ich ihn mir als einen Salonmenschen von erster Qualität vor.«
Robert Walser

»Vielleicht hätte nur Walter Benjamin die Klassik von Terese Robinsons Baudelaire-Übertragung durch Modernität übertroffen.« *Alfred Andersch*

»*Les fleurs du mal* von Baudelaire: ein Buch fürs Leben, für *alle* Leben.« *Rainer Maria Rilke*

Gustave Flaubert
im Diogenes Verlag

Jugendwerke

Erste Erzählungen. Herausgegeben und aus dem Französischen übersetzt von Traugott König. Leinen

November

Jugendwerke II, enthaltend: Erinnerungen, Aufzeichnungen und innerste Gedanken, Memoiren eines Irren, November. Herausgegeben, mit einem Nachwort und vollständig neu übersetzt von Traugott König
Leinen

Madame Bovary

Sitten der Provinz. Deutsch von René Schickele, revidiert von Irene Riesen. Mit einem Glossar und den Rezensionen von Sainte-Beuve, Barbey d'Aurevilly und Charles Baudelaire im Anhang
detebe 20721

Salammbô

Kampf um Karthago. Deutsch von Friedrich von Oppeln-Bronikowski, revidiert von Franz Cavigelli. Mit einem Glossar und Flauberts Verteidigungsbriefen an Sainte-Beuve und den Archäologen Froehner sowie den Rezensionen von George Sand und Théophile Gautier im Anhang. detebe 20722

Die Erziehung des Herzens

Geschichte eines jungen Mannes. Deutsch von E. A. Rheinhardt. Mit einem Glossar und den Rezensionen von Barbey d'Aurevilly, George Sand und Emile Zola im Anhang
detebe 20723

Die Versuchung des heiligen Antonius

Deutsch von Felix Paul Greve, revidiert von Franz Cavigelli. Mit einem Glossar, einem Brief von Ernest Renan und einem Essay von Paul Valéry im Anhang. detebe 20719

Drei Geschichten

Ein schlichtes Herz. Die Legende von Sankt Julian dem Gastfreien. Herodias. Deutsch von E. W. Fischer, revidiert von Anton Friedrich. Mit der Rezension von Théodore de Banville und Essays von Maxim Gorki, Marcel Schwob und Anatole France im Anhang. detebe 20724

Bouvard und Pécuchet

Vom Mangel an Methode in den Wissenschaften. Deutsch von Erich Marx. Mit einem Glossar und Essays von Raymond Queneau, Jorge Luis Borges und Lionel Trilling im Anhang. detebe 20725

Briefe

Herausgegeben und übersetzt von Helmut Scheffel. detebe 20386

Über Gustave Flaubert

Essays, Aufsätze, Erinnerungen von Emile Zola, Maxime du Camp, Guy de Maupassant, Heinrich Mann, Marcel Proust, Ezra Pound, Egon Friedell, Arnold Hauser, Jean-Paul Sartre, Helmut Heißenbüttel, Nathalie Sarraute und Jean Améry. Mit Bilddokumenten, Chroniken und Bibliographie im Anhang. Herausgegeben von Gerd Haffmans und Franz Cavigelli. detebe 20726

Stendhal
im Diogenes Verlag

Werke in 10 Bänden und 1 Materialienband

Denkwürdigkeiten über Napoleon
Fragmente. Aus dem Französischen von
S. Adler. detebe 20966

Über die Liebe
Deutsch von Franz Hessel. detebe 20967

Armance
Roman. Deutsch von A. Elsaesser
detebe 20968

Rot und Schwarz
Roman. Deutsch von Rudolf Lewy
detebe 20969

Eine Geldheirat
Erzählungen. Deutsch von Arthur Schurig,
Franz Hessel, Franz Blei und Otto von
Gemmingen. detebe 20970

Die Äbtissin von Castro
Erzählungen. Deutsch von M. von Musil und
Franz Blei. detebe 20971

Lucian Leuwen
Romanfragment. Deutsch von Joachim von
der Goltz. detebe 20972

Leben des Henri Brulard
Autobiographie. Deutsch von Adolf
Schirmer. detebe 20973

Die Kartause von Parma
Roman. Deutsch von Erwin Rieger
detebe 20974

Amiele
Romanfragment. Deutsch von Arthur
Schurig. detebe 20975

Über Stendhal
Essays und Zeugnisse von Mérimée bis
Léautaud. Mit Chronik und Bibliographie.
Herausgegeben von Irene Riesen.
detebe 20976

Victor Hugo
im Diogenes Verlag

Die Elenden

5 Bände in Kassette
Aus dem Französischen von Paul Wiegler
und Wolfgang Günther. detebe 21404
Alle Bände auch einzeln lieferbar

Das gewaltige Epos vom Schicksal des Galeerensträflings, Bürgermeisters, Fabrikanten und Philanthropen Jean Valjean, von der Schlacht bei Waterloo bis in die Zeit des Bürgerkönigs Louis Philippe.

Einer der erfolgreichsten Stoffe der Weltliteratur: bisher siebzehnmal verfilmt, u.a. mit Charles Laughton, zuletzt mit Lino Ventura als Jean Valjean. Seit Jahren als Musical am Broadway ausverkauft.

»*Die Elenden* gehören auf der ganzen Welt zu den großen Werken des menschlichen Geistes. Jean Valjean, der Bischof Myriel, Javert, Fantine, Marius, Cosette haben einen Platz gefunden in der nicht sehr zahlreichen Gruppe der Helden der Weltliteratur; neben Père Grandet, Madame Bovary, Oliver Twist, Natascha Rostow, den Brüdern Karamasow.« *André Maurois*

»Victor Hugo wuchs mit den *Elenden* zu einer Größe hinan, die er geblieben ist. Seitdem kennt ihn sein Volk in den tiefsten Schichten, seitdem ist er der Erste. *Die Elenden* – die Großartigkeit selbst!« *Heinrich Mann*

Der Glöckner von Notre-Dame

Roman. Aus dem Französischen von Philipp Wanderer
Mit einem Nachwort von Arthur von Riha
Frontispiz von Gustave Brion
detebe 21290

»Es dürfte sich bei *Notre-Dame de Paris* um den größten historischen Roman der Romantik handeln. Das

Kolorit des späten Mittelalters ist sowohl in der Schilderung von Massenszenen als auch in der von einzelnen Lebensbereichen, schließlich auch in der Zeichnung hervorragender historischer Persönlichkeiten wie des dämonischen Ludwig XI. gegenwärtig.«
Christian Schäfer

Die literarische Vorlage für zwei legendäre Verfilmungen: 1939 von William Dieterle mit Maureen O'Hara, Charles Laughton, Sir Cedric Hardwicke, Edmond O'Brien; 1956 von Jean Delannoy mit Gina Lollobrigida und Anthony Quinn in den Hauptrollen.

Das Teufelsschiff

Roman. Aus dem Französischen von Hans Kauders
Mit einem Nachwort von Christian Schäfer
detebe 21549

Gilliatt, der Fischer mit dem Ruf eines Zauberers, ein ›Hiob des Ozeans‹, lebt auf der Insel Guernesey und liebt Déruchette, die Nichte des Reeders. Eines Nachts erleidet der verwünschte Dampfer Durande Schiffbruch, und das *Teufelsschiff* wird vom wütenden Meer an einen Felsen geschleudert, an dem es hängenbleibt. Im Kampf mit ungeheuren Naturgewalten bietet Gilliatt sämtliche Kräfte auf, um aus dem Wrack wenigstens die ›unheimliche technische Neuerung‹ zu retten, die Maschine. Doch alles gewinnt er damit nicht… *Das Teufelsschiff* war Vorlage zu Jules Vernes Roman *Zwanzigtausend Meilen unter Meer* detebe 20244 und 20245).

»Mein ganzes Sein ist erschüttert nach der Lektüre dieses seltsamen und starken Romans.«   *Emile Zola*

»Die französische Literatur besitzt keinen zweiten Dichter, der mit gleicher Gewalt eine solche Fülle von Bildern zusammengefügt, so mächtige Symbole heraufbeschworen, Klänge und Rhythmen so meisterhaft gehandhabt hat wie Victor Hugo.«   *André Gide*

Der letzte Tag eines Verurteilten

Aus dem Französischen und mit einem Vorwort von W. Scheu
detebe 21234

1828 kam Victor Hugo über den Platz der Guillotine, als dort die letzten Vorbereitungen für eine Hinrichtung getroffen wurden. Der Scharfrichter veranstaltete eine Art Generalprobe. Am anderen Morgen setzte sich Victor Hugo an seinen Schreibtisch und begann die Niederschrift seines Buches *Der letzte Tag eines Verurteilten.* Er vollendete diese Arbeit in drei Wochen. Der Verleger erwartete das Werk voller Ungeduld. Anfang 1829 erschien es gedruckt. Es ist ein dramatisches Plädoyer gegen die Todesstrafe. Ein dramatischeres wurde in der Tat wohl niemals geschrieben.

»Ich habe nachgedacht über diejenigen, die leiden. Das ist mein ganzer Ruhmestitel.« *Victor Hugo*